AF549303

EUROPAVERLAG

CHRISTIAN HARDINGHAUS

KRIEGS-PROPAGANDA UND MEDIEN-MANIPULATION

Was Sie wissen sollten,
um sich nicht täuschen zu lassen

EUROPAVERLAG

INHALT

LASSEN SIE SICH NICHT TÄUSCHEN

Klima-Apokalypse, globaler Finanzkollaps und atomares Armageddon. Killerviren, Dauerlockdown und Blackout. *Rien ne va plus* – nichts geht mehr! Den in den letzten Jahren gezeichneten Endzeitszenarien scheinen im wahrsten Sinne des Wortes keine Grenzen gesetzt zu sein. Begleitet werden sie aber alle von einer meist aggressiven politisch motivierten Propaganda, deren Methode das Erzeugen von Angst ist, hinter der sie ihre eigentlichen Ziele zu verbergen vermag. Eine ganz reale Katastrophe wird zwar nicht das Ende der Welt bedeuten, doch sie spielt sich direkt vor unserer Haustür ab und kann entscheidend für den Fortbestand eines geeinten Europas sein, so wie wir es bisher kannten. Eine Lösung für den am 24. Februar 2022 von Russland begonnenen Krieg gegen die Ukraine ist bis heute deshalb nicht in Sicht, weil auch in diesem Konflikt von Beginn an Propaganda die Kontrolle übernommen hat. Selbst wenn es anders verlautbart wird – sowohl in Russland als auch in der Ukraine –, sind Medien und Medienarbeit durch Kriegsgesetze bereits so eingeschränkt und überwacht, dass sie einer Gleichschaltung nahekommen. Staatliche Propaganda, wenngleich ganz unterschiedlich in Form und

Inhalt, kann nahezu ungehindert in die Köpfe derjenigen Menschen eindringen, die täglich dazu gezwungen sind, sich gegenseitig zu töten. Unabhängiger Journalismus ist wie in allen Kriegen nicht nur in den verfeindeten osteuropäischen Nachbarländern unmöglich geworden, sondern er steht längst auch in Deutschland auf dem Prüfstand. Durch fehlende Optionen zur eigenen Kriegsberichterstattung fließen Propagandainhalte ungefiltert in unsere Nachrichten ein, ohne als solche erkannt oder kenntlich gemacht zu werden. Diese dankbare Möglichkeit haben sowohl die russischen als auch die ukrainischen Militärführungen in ihren sorgfältig aufgebauten Informationskriegen für sich entdeckt und ihre psychologische Kriegsführung auf uns alle ausgerichtet.

Doch Medien in Deutschland werden nicht nur von außen manipuliert, sondern sie betätigen sich unter maßgeblicher Beeinflussung deutscher Regierungspolitik selbst propagandistischer Methoden, indem sie zum Beispiel ausklammern, beschönigen oder dämonisieren. Umso wichtiger ist es, dass wir als Medienkonsumenten und demokratische Bürger nicht nur über die von Propaganda ausgehenden Gefahren aufgeklärt werden, sondern dass wir sämtliche ihrer Methoden kennen, um uns weitestgehend vor Manipulation aller Art schützen zu können. Diesem Anspruch stellt sich das vorliegende Buch, in dem Sie von der Pike auf lernen können, was Propaganda war und ist und wie Sie ihre manipulativen Techniken in Zukunft erkennen und selbst entlarven können. Sie werden erfahren, dass Kriege schon immer gleichen Prinzipien folgten, dass Kriegspropaganda auch in Friedenszeiten betrieben wird und dass die Weisheit, die Wahrheit sei stets das erste Opfer eines jeden Krieges, *wahrscheinlich* der Wahrheit entspricht.

Christian Hardinghaus, im April 2023

KAPITEL 1
PROPAGANDA ERKENNEN: MACHT, MEDIEN, MASSENMANIPULATION

Ein Mann versucht, seine Ehefrau in den Wahnsinn zu treiben, indem er ihr mittels Licht- und Geräuscheffekten suggeriert, in ihrem gemeinsamen Haus spuke es. Während sie verzweifelt ausgerechnet bei ihm Hilfe sucht, ist sein Ziel, sie davon zu überzeugen, sie bilde sich den Horror nur ein und laufe Gefahr, geisteskrank zu werden. So passiert es in dem mehrfach verfilmten Theaterstück des britischen Dramatikers Patrick Hamilton *Gas Light* von 1937 (in den USA unter dem Titel *Angel Street* am Broadway inszeniert), nach dem zunächst im englischen Sprachraum Extremfälle von Mobbing bezeichnet wurden, bei denen einer Person weisgemacht wird, sie sei verrückt. *Gaslighting* ist eine zunehmende Form psychischer Gewalt, über deren Folgen inzwischen auch deutsche Krankenkassen und Präventionsstellen aufklären. Nachdem sich im vergangenen Jahr die Suchanfragen zu dem Terminus um 1740 Prozent gesteigert haben, wählte das amerikanische Merriam-Webster-Wörterbuch *Gaslighting* zum Wort des Jahres 2022. Besonders häufig wird es in Kombination mit dem Begriff *Media* in die Suchmaschinen eingegeben, was Schlüsse darüber zulässt, dass weltweit immer mehr Menschen unter der Horrorvorstellung leiden, ihre Regierungen könnten gezielt Medien dazu benutzen, um sie einer Massengehirnwäsche zu unterziehen, bei der sie am Ende selbst für verrückt erklärt werden sollen.

Das mittlerweile auch unter dieser Bezeichnung untersuchte Phänomen *Media Gaslighting* kennzeichnet also die Angst vor einer Utopie nach orwellschem Vorbild, die sich nahtlos in die Endzeitstimmung unserer Zeit einbauen lässt. In dieser verbreiten sich immer häufiger Hysterien apokalyptischen Ausmaßes und erwarten »letzte Generationen« das Ende der Welt, sodass inzwischen der Glaube an den Great Reset, bei dem wenigstens noch ein bisschen was von der Erde übrig bleiben würde, als optimistische These erscheint. Dabei haben alle großen Untergangsszenarien gemeinsam, dass sie genauso wahrscheinlich oder unwahrscheinlich sind wie die Unterwerfung der Welt durch eine die Medien kontrollierende Machtelite. Trotzdem scheinen fernab der entworfenen Worst-Case-Szenarien Menschen, deren größte Sorge Medienmanipulationen von staatlicher Seite aus sind, weniger ernst genommen zu werden als solche, die vor menschengemachtem Klimawandel, mutierenden Killerviren und atomarem Weltkrieg warnen. Wo ein »hypochondrischer Umweltschützer« noch als nachsichtiger Mensch gelten darf, muss sich der bloße Medienkritiker nicht selten schon als Verschwörungstheoretiker diskreditieren lassen, obwohl die beidseitigen Zusammenhänge auf der Hand liegen könnten. Dafür, dass Massenmedien inzwischen den größten Einfluss auf unser gesellschaftliches Zusammenleben haben und letztendlich über Katastrophen und Kriege aller Art entscheiden, werden Sorgen über staatlich gesteuerte Medienmanipulation zu leichtfertig abgetan. Dabei sollte im Anblick dieser nie da gewesenen Fülle von Macht, die von modernen Massenkommunikationsmitteln ausgeht, eigentlich jedem klar sein, dass die Tyrannen der Gegenwart und Zukunft alles daransetzen werden, dieser habhaft zu werden. Eben ganz so wie es ihre Vorgänger mit den Medien ihrer Ära getan haben. Um hier vernünftig vorzubeugen, bedarf es sicherlich einer Sensibilisierung der Gefahren zunächst im Kleinen, wie es auch anderen bedrohten Bereichen menschlichen Zusammenlebens zuträglich wäre, nicht gleich das Ende von Zivilisation oder Demokratie herbeizuschreien, sondern zu schauen, was logisch, möglich und machbar ist.

Ich möchte mit diesem Buch nicht die Welt retten und strebe auch keine Generalabrechnung mit ihr an, sondern will vor den alltäglichen Gefahren von Propaganda warnen, die sich in allen Kriegen des 20. Jahrhunderts als eine der tödlichsten Waffen erwiesen hat. Und da diese Art der Manipulation immer abhängig ist von Medien, die eben für die Masse so lebensbestimmend sind wie nie zuvor, ist es auch ein Buch über den Missbrauch der Medien durch politische Machthaber, insbesondere zu Kriegszeiten. Mit dieser Absichtserklärung haben wir die vier Kernbestandteile von Propaganda bereits aufgeführt, und weil sie passenderweise alle mit dem Buchstaben M beginnen, kann man sie sich schon an dieser Stelle am besten leicht anhand einer *4-M-Formel* merken: Propaganda beschreibt die **M**anipulation der **M**assen durch **M**achthaber (oder Mächtige/nach Macht Strebende) mittels **M**edien. Diese Elemente finden sich in nahezu jeder modernen Propagandadefinition wieder; sie ist eng verwandt mit der Definition für Manipulation, die ein undurchschaubares, trickreiches Verhalten beschreibt, mit dem sich jemand Vorteile über andere verschaffen will. Medienmanipulation bewerkstelligt dies der Bestimmung nach, indem eine vermittelnde Instanz zu Hilfe genommen wird – ein Medium. Um moderne Propagandastrategien im Zeitalter von Informationskriegen zu analysieren, richtet sich das vorliegende Buch nicht auf Individualmedien aus, sondern auf Massenmedien, die immer darauf abzielen, einen größtmöglichen Adressatenkreis zu erreichen. Innerhalb dieser sind Unterhaltungsmedien bei der Erforschung von Propaganda weniger von Interesse als vielmehr diejenigen, die sich der Nachrichtenvermittlung verschrieben haben – also hauptsächlich Presse und journalistische Formate, die Politikern ein Sprachrohr verschaffen und die öffentliche Meinung beeinflussen. Eines der mächtigsten Werkzeuge von Massenmedien aller Art ist heute nach wie vor die Kamera.

Seien Sie sich deshalb immer dessen bewusst, dass eine Kamera nie die Wirklichkeit abbildet, sondern stets nur das zeigt, was Sie sehen sollen! Ein Perspektivenwechsel, ein einfacher Kameraschwenk auf die gegenüberliegende Seite könnte Ihnen eine vollkommen andere Realität präsentieren. Schauen Sie sich daher – wann immer möglich – Aufnahmen mehrerer Kameras unterschiedlicher Teams an und vergleichen Sie verschiedene Dokumentationen über dasselbe Ereignis!

So eindrucksvoll Bilder auch sein mögen, sie heißen so, weil sie eben nur abbilden, also etwas nachstellen. Fotos und Videos können niemals die Realität ersetzen. Oder wie es der britisch-amerikanische Journalist und Kriegsberichterstatter Harold Evans einst treffend formulierte: »Die Kamera kann nicht lügen, aber sie kann Mittel der Unwahrheit sein.«[1]

Nie zuvor in ihrer Geschichte sind Menschen einer solchen Flut von inszenierten Bildern ausgesetzt gewesen wie in unserer rasanten Informations- und Kommunikationsgesellschaft, in der sie sich täglich zurechtfinden müssen. Da heutige Erdenbewohner gleichzeitig über Dutzende Medienkanäle rund um die Uhr erreichbar sind oder sein wollen, ist die Gefahr, die allein von technischer Medienmanipulation ausgeht, unermesslich hoch für sie. Medien sind die wichtigste Waffe der Herrschenden und all derer, die an die Macht kommen oder an solcher hinzugewinnen wollen. Je mehr mediale Präsenz Politiker, Parteien oder politische Organisationen wie etwa eine Aktivistengruppe erhalten, desto größer werden automatisch ihr gesellschaftliches Standing und ihr Einfluss. Heute prasselt eine solche Fülle von vorsortierten Informationen und medial verkauften Wahrheiten auf uns ein, dass wir zunehmend Orientierung, Halt und Glauben verlieren und geneigt sind, uns schnell irgendeiner vorherrschenden Meinung anzuschließen, ohne diese selbst verinnerlicht zu haben. Sollte der uneingeschränkte Zugang zu Nachrichten über das Internet eigentlich Aufklärung und demokratische Teilhabe für jedermann bereitstellen, überfordert mittlerweile schier die Masse an verbreiteten Daten und Fakten samt ihrer unterschiedlichen Deutung die Wahrheitsfindung und den damit verbundenen Wunsch nach Identifikation, Halt und Haltung.

Menschen suchen auch nicht mehr nur nach Wahrheit, sondern wollen auf die einzige, alleinige Wahrheit stoßen, quasi auf eine ultimative Anleitung, die sie durchs weitere Leben zu führen vermag. Dabei scheinen wir zunehmend zu vergessen – oder ignorieren es –, dass unsere eigene Weltsicht immer eine durch unsere Medien gefilterte ist. Die Wahl des Mediums entscheidet also maßgeblich darüber, welche Sicht wir einnehmen, und diese bekommt regelmäßig Schwierigkeiten mit der Sichtweise eines anderen, denn diese könnte die eigene ins Schwanken bringen – und das erzeugt Angst. Und obwohl sie sich als Wahrheitsverkäufer verstehen und repräsentieren, können Medien, die auf Selektion und Vorauswahl der Inhalte angewiesen sind, immer nur die Deutung einer Wahrheit verkaufen, also eine mögliche oder wahrscheinliche Richtigkeit. Der amerikanische Journalist Walter Lippmann formulierte diesen Umstand leicht zynisch schon 1922 in seinem Buch *Public Opinion*, das bis heute als Begründerwerk der Medienwissenschaften gilt: »Die mir am fruchtbarsten erscheinende Hypothese besagt, dass Nachrichten und Wahrheit nicht dasselbe sind und klar voneinander geschieden werden müssen.«[2]

Dabei können und sollten Medien und Massenmedien per se nicht als etwas Negatives verstanden werden, denn sie sind für niemanden von uns noch wegzudenken. Sie werden auch zukünftig immer mehr Platz in unserem gesellschaftlichen und privaten Miteinander einnehmen und können – richtig genutzt und verstanden – den menschlichen Horizont ständig erweitern. In ihrem Vermittlungsanspruch sind Medien Helfer für alle Menschen, um für ihre Lebenswelt relevante Dinge erfahren und verstehen zu können. Der Gesellschaftstheoretiker Niklas Luhmann prägte dafür einen wichtigen Satz: »Was wir über unsere Gesellschaft, ja über die Welt, in der wir leben, wissen, wissen wir durch die Massenmedien.«[3]

Die große Gefahr, die von Massenmedien generell ausgeht, besteht vielmehr durch die politische Funktionalisierung ihrer selbst, wenn sie in falsche Hände geraten. Propagandisten gaukeln uns darin vor, eine Wirklichkeit zu kennen, mit der wir in der Lage sein sollen, stets zu erkennen, was richtig und falsch ist. Das eigentliche Ziel von Propaganda ist aber nicht die Vermittlung von Wahrheit, sondern die Indoktrination handlungsorientierter Motive. Sie selbst kann wahr oder unwahr sein, solange sie ihr Ziel nicht aus den Augen verliert. So sind letztendlich sowohl Wahrheit als auch Lüge lediglich Mittel der Propaganda, um ihren eigentlichen Zweck zu erfüllen. Propagandisten haben erkannt und nutzen aus, dass zunehmend verunsicherte Bürger in ihrer unablässigen Suche nach Wahrhaftigkeit im kontinuierlich dichter werdenden Dschungel von Informationen nicht nur in

Kauf nehmen, sondern inzwischen sogar die Möglichkeit begrüßen, dass Weltereignisse für sie medial eingeordnet werden, solange sie das Gefühl haben, dass die richtige Seite die Interpretation übernimmt. Tatsächlich sind heute Menschen bei der Überflutung mit all den Themen, zu denen sie glauben, sich eine Meinung bilden zu müssen, um sich weiterhin im Leben zurechtzufinden, oft gar nicht mehr in der Lage zu unabhängigen Urteilen. Deswegen vertrauen sie auf sogenannte Meinungsverkäufer, die sie in den von Medien ihrer Wahl eingesetzten Politikern und Experten zu finden meinen; dabei setzen sie sich jedoch ständig den Gefahren aus, die Manipulationen und Propaganda mit sich bringen. Die Entwicklung immer neuer Medientechnologien und -formate ist in den letzten 20 Jahren so zügig fortgeschritten, dass die Kompetenz innerhalb eines großen Teils der Bevölkerung, diese Medien auch adäquat nutzen und über sie verbreitete Informationen einordnen zu können, auf der Strecke geblieben ist. Wir werden also tagtäglich manipuliert, merken es nicht mal mehr, und den Regierenden kann das alles nur recht sein in ihrem Anspruch, an der Macht zu bleiben. Indessen wäre das Erkennen von Propaganda im Rahmen einer Erziehung hin zu Medienmündigkeit für jedermann gar nicht so schwer, sofern Politik, Medien und Bildungssystem an einem Strang zögen und umfassend über ihre Techniken und Formen aufklärten. Propaganda wird durch nichts effektiver bekämpft als durch Bildung, was diese gleichzeitig zu ihrer größten Bedrohung macht. Der britische Politikwissenschaftler Richard Taylor hielt fest, dass Bildung die Menschen lehrt, *wie* sie denken können, während Propaganda ihnen vorschreibt, *was* sie denken sollen.[4]

Doch warum gibt es so wenig praktische Aufklärungsarbeit über Propagandamethoden? Denken Sie darüber nach! Auch wenn der inzwischen zur Phrase mutierte lateinische Sinnspruch *cui bono* ähnlich wie das gut gemeinte *carpe diem* ausgelutscht daherkommt und droht, selbst zur Propagandatechnik zu verkommen, bleibt die Frage nach dem tiefer gehenden Nutzen scheinbar sinnloser Maßnahmen und Entscheidungen von Machthabern, die sie vorgeblich im Sinne des Volkes und des Allgemeinwohls treffen, essenziell, um Propaganda aufdecken zu können. Während sich durch den Fortschritt der Digitalisierung ständig neue Beeinflussungsmethoden ergeben, sind die rhetorischen und psychologischen Manipulationsmethoden hingegen grundsätzlich gleich geblieben, werden aber nach wie vor zu Aufklärungszwecken dilettantisch behandelt.

Eine prägnante Definition für Propaganda lieferte der Medienwissenschaftler Gerhard Maletzke: »*Propaganda sollen geplante Versuche heißen, durch Kommunikation die Meinung, Attitüden, Verhaltensweisen von Zielgruppen unter politischer Zielsetzung zu beeinflussen.*«[5] Richtigerweise stellt Maletzke damit den Aspekt der politischen Instrumentalisierung heraus, was insofern von besonderer Bedeutung ist, als dass bis etwa Mitte des letzten Jahrhunderts Propaganda synonym für Reklame oder PR verstanden wurde und sich auch auf kommerzielle Güter bezog. Während jedoch Werbung versucht, ausschließlich die positiven Aspekte eines Produkts hervorzuheben, und Negativworte regelrecht scheut, setzt die ausgefeilte Propagandamethodik schon immer auch auf das Erzeugen von Negativgefühlen wie hauptsächlich Angst. Dass gerade Politiker, und zwar sämtlicher Staaten und Staatsformen zu allen Zeiten, sich die Ängste von Menschen zunutze machen, um durch Versprechen auf Besserung an die Macht zu gelangen bzw. weiter zu herrschen, ist ein Mittel, das so alt ist wie die Politik selbst. Für die Massenmanipulation der Völker am besten geeignet sind dabei seit jeher existenzielle Ängste wie etwa die vor Kriegen, Krankheiten, Naturkatastrophen oder wirtschaftlicher Not. Regierungsverantwortliche überall auf der Welt schlagen Kapital aus den Sorgen ihrer Bürger. Fehlen ihnen dabei Kompetenz oder sogar Willen, reale Gefahren und Probleme, die sich aus gesellschaftlichen Krisen ergeben, zu lösen, geben sie dies in aller Regel nicht zu, denn andernfalls würden ihre bisher getroffenen Fehleinschätzungen und Falschentscheidungen sie als Verantwortliche selbst ins Wanken bringen. Nicht selten legt ein in die Enge getriebener Herrscher seinem Volk Maßnahmen auf, die der Ablenkung und Beruhigung dienen, oder er heizt – wenn er ganz gerissen ist – vorhandene Ängste an, um Gesetze zu verabschieden, die seine eigene Macht stärken, gleichzeitig die des in Panik versetzten Volkes schwächen. Wenn seine Untergebenen allmählich bemerken, dass versprochene Veränderungen keine Früchte tragen oder dass sie gar gelinkt worden sind, kann der Herrscher immer wieder neue Bedrohungsszenarien heranziehen oder sie selbst erst inszenieren, um das Machtspiel weiterzutreiben. Die Weltgeschichte ist voll mit Beispielen dieser Art. Denken Sie allein an die zentralen Ereignisse und Folgen des Machtergreifungsprozesses durch die Nationalsozialisten!

Die Furcht vor einer propagierten Katastrophe kann so ausgeprägt sein, dass die Bürger eines Staates sogar Gesetze akzeptieren, die ihnen ihre Grundrechte nehmen oder massiv einschränken. Der Propagandist inszeniert sich dabei stets medial als Heilsbringer und lässt verlauten, dass allein er oder seine verordneten Maßnahmen dazu imstande seien, das drohende Unheil abzuwenden. Wenn Machthabende gar eine Diktatur herbeisinnen, können sie Propaganda durch Angsterzeugung so lange weiter auf die Spitze treiben und dadurch immer größere Macht an sich reißen, bis dem ausgetricksten Volk letztendlich keine Möglichkeit mehr bleibt, sich zu wehren. Die Medien, die ihm erst hörig waren, gehören dann dem neuen Regenten und werden wie alle anderen Staatsorgane gleichgeschaltet. Ab diesem Zeitpunkt dient Propaganda nicht mehr Machtgewinn oder -erhalt, sondern wird ideologischen Zielen wie zum Beispiel dem Entfesseln eines Krieges untergeordnet und folgt – wie wir sehen werden – als Kriegspropaganda noch mal radikaleren Prinzipien. Ob Kriege, Diktaturen oder totalitäre Staaten: Für all diese Worst Cases einer gekaperten Gesellschaft war Propaganda Mittel der Wahl derjenigen, die sie heraufbeschworen haben, und immer hat ihr Machtergreifungsprozess schleichend stattgefunden. Gerade deshalb sollte es für mündige Bürger unerlässlich sein, sämtliche Propagandatechniken zu kennen und imstande zu sein, sie entlarven zu können, bevor sie ihnen selbst zum Verhängnis werden.

Die anfängliche Schwierigkeit liegt allerdings schon darin, den Propagandisten überhaupt erst als solchen auszumachen, denn dieser setzt als Erstes seine Techniken gekonnt ein, um zu verschleiern, dass von ihm eine Manipulation ausgeht. Ein probates Mittel der Herrschenden ist in diesem Sinne, die Verantwortung für Hass, Hetze und Not Teilen des Volkes selbst zuzuschreiben und so Sündenböcke zu kreieren, die schuldig an allem Übel sein sollen. Sodann rufen sie ihre Untergebenen dazu auf, dabei zu helfen, die angeblichen Feinde des Staates – nicht selten sind diejenigen gemeint, die ihnen am gefährlichsten werden könnten, weil sie bereit sind, für ihre Rechte zu kämpfen – zu stellen, zu denunzieren und ihnen ans Messer zu liefern. Durch bewährte Prinzipien wie »Teilen und Herrschen« oder »Zuckerbrot und Peitsche« sollen Machtstrategien schließlich darin münden, dass die Masse des Volkes sich selbst immer weiter zerlegt und schwächt und am Ende nur noch diejenigen übrig bleiben, die entweder von der Ideologie des Propagandisten überzeugt sind, diese akzeptieren, um selbst zu profitieren, oder sich beugen, um zu überleben. Je mehr Volk der Despot auf seine Linie gebracht hat, desto einfacheres Spiel hat er. Menschen, die selbst medial und politisch manipuliert worden sind und sich auf der richtigen

Seite wähnen, neigen nämlich zur Selbstbestätigung dazu, den »Ungläubigen« unter ihnen vorzuwerfen, dass sie eigentlich diejenigen seien, die Propaganda betrieben, und werden so unbewusst zu willfährigen Gehilfen der Unterdrücker.

Bleiben Sie deshalb innerhalb des unaufhörlichen Medienrauschens immer wachsam und fragen Sie sich besonders bei Angstthemen, ob jemand davon profitieren könnte, Ihnen diese Ängste einzujagen!

In den letzten Jahren sind viele Bücher über extremistische Propaganda erschienen, die uns jedoch für die Erschließung von Manipulationsmethoden im Allgemeinen kaum weitergebracht haben, weil sie die Aufmerksamkeit – häufig motiviert durch eine eigene politische Agenda – zu einseitig ausgerichtet haben; möglicherweise wurden einige davon sogar erst aus diesem Grund in Auftrag gegeben. Vorherrschend in diesem Bereich sind populärwissenschaftliche Sachbücher, die sich nicht gegen Propaganda generell wenden, sondern nur diejenige innerhalb einer ausgewählten Strömung untersuchen oder selbst Gegenpropaganda betreiben wollen. Bücher, die sich hingegen allgemein gegen Fake News, Verschwörungstheorien und Desinformation richten, sind rar auf dem Buchmarkt. Natürlich muss dringend weiterhin publizistische Aufklärung über Propagandainhalte sämtlicher radikalen Ideologien mit all ihren Splittergruppen im Speziellen gefördert und gefordert werden, doch neben diesen Einzelansichten, die sich stets an einem bestimmten Ideologem abarbeiten, können insbesondere allgemeine Werke über Manipulationsmethoden helfen, die immer gleichen Prinzipien zu verstehen, denen jede Propaganda unabhängig von ihrem politischen Inhalt folgt, und daher universelle Anwendung finden.

Im Gesamtfokus dieses Buches steht die Kriegspropaganda, und damit nicht nur die gefährlichste ihrer Art, sondern auch diejenige, die von höchster Stelle ausgeht und die keine geringere Zielgruppe in ihr Zentrum rückt als mindestens die Gesamtheit der eigenen Bevölkerung – oder sogar darüber hinaus. Auch in Friedenszeiten fließt Kriegspropaganda in Staatspropaganda ein, die nicht nur die mächtigste Propagandaform ist, sondern auch diejenige, die in der bisherigen wissenschaftlichen Erforschung immer im Zentrum gestanden hat – vor allem wenn es darum ging, das Entstehen totalitärer und faschistischer Staaten zu erschließen und zu erklären. Doch solche Regime waren und sind nicht nur systematisch durch Propaganda gekennzeichnet, sondern konnten auch erst durch diese erwachsen – selbst also aus einer Demokratie heraus, von Menschen, die aus der Mitte einer Volksherrschaft in Regierungsverantwortung versetzt worden sind. Und genau deshalb ist es wichtig, Propaganda überall gleichermaßen, auch in einem demokratischen Grundgefüge, als solche zu erkennen und vor allem dann Gegenmaßnahmen zu treffen, wenn sie an der Spitze der Macht verortet wird.

Als Medienwissenschaftler habe ich mich in meinem Studium selbst viele Jahre mit der Analyse von Propaganda beschäftigt und bis zu meiner Promotion 2011 zu diesem Thema und darüber hinaus die relevante Fachliteratur gelesen. Bis heute verfolge ich die Berichterstattung zur Thematik, dabei bemerke ich aktuell besorgniserregende Veränderungen. Augenscheinlich haben nämlich Wissenschaftler und Journalisten immer seltener den Schneid dazu, Propaganda innerhalb amtierender deutscher Regierungen oder ihrer Leit- und Mainstreammedien zu verorten. Stattdessen versteifen sie sich in ihrer Suche danach auf die Opposition, auf alternative Medien, auf subversiv-politische Propaganda von Terrorgruppen, auf die Staatspropaganda anderer Länder, ja rücken gar die Bevölkerung selbst und ihr Verhalten in sozialen Netzwerken in den Fokus. Grundlegende Fachbücher und Standardwerke der Sechziger- bis frühen Zweitausenderjahre, die den absoluten Großteil der vorhandenen Fachpublikationen über Propaganda ausmachen, geraten in den Hintergrund. Das ist nur insoweit verständlich, als dass sie mit ihren strengen medien- und kommunikationswissenschaftlichen Theorien kein breites Publikum erreichen und darauf auch nicht angelegt sind. Doch gerade weil Propaganda heute durch die unendlichen Möglichkeiten des Internets immer mehr Menschen erfasst, dürfen die grundlegenden Erkenntnisse der Wissenschaft nicht in Vergessenheit geraten, sondern müssen fachjournalistisch so aufgearbeitet und vermittelt werden, dass sie von jedem Medienkonsumenten verstanden werden. Das ist zumindest meine Motivation, und deshalb möchte ich praxisorientiert in diesem Buch auch einfache Anschauungsmodelle wählen, präzise Entschlüsselungstaktiken vorstellen und vor allem nicht zusätzlich verwirren. Zur tiefer gehenden Beschäftigung verweise ich an prägnanten Stellen auf weiterführende wissenschaftliche Literatur. Doch ist es für das Erreichen des Zieles auch dieses Buches von nicht zu unterschätzendem Vorteil, wenn die generelle akademische Auseinandersetzung mit dem Begriff Propaganda zumindest in ihren Grundzügen verständlich skizziert wird. Deshalb bringe ich Sie – ohne mich in großen Theorien zu verlieren – in *Kapitel 2* über eine kompakte Darstellung auf den aktuellen Forschungsstand darüber, welchen Begriffswandel Propaganda im Laufe der Zeit durchgemacht hat und wie sie heute definiert wird. Ich werde die wichtigsten Personen und Wissenschaftsbereiche vorstellen, die sich mit ihr beschäftigt haben, und Propaganda zu ihren verwandten Disziplinen Werbung, PR und Berichterstattung abgrenzen. Ein exklusiver Blick soll zu Letzterem auf die Versäumnisse der hiesigen Medienlandschaft und die eklatante Entwicklung des deutschen Journalismus im Hinblick auf Neutralität und schwindendes Vertrauen geworfen werden.

Im praktisch ausgerichteten *Kapitel 3* möchte ich Ihnen dann Strategien an die Hand geben, um Propaganda entlarven zu können. Dazu sollen zunächst die wichtigsten Unterscheidungskriterien fundamentaler Formen erläutert werden. Danach werde ich detailliert auf die sieben Grundformen von Propaganda eingehen, wie sie 1938 vom amerikanischen Institute for Propaganda Analysis (IPA) herausgestellt worden sind, denn diese werden uns durch das gesamte Buch hindurch begleiten. Diese *Seven Common Propaganda Devices* sind die einzigen, die je von einer speziellen Propagandawissenschaft untersucht worden sind, denn das IPA war die erste und letzte Einrichtung, die sich die Etablierung einer solchen Disziplin durch gründliche Untersuchung propagandistischer Wesenszüge auf die Fahnen geschrieben hatte. Gerade die Erkenntnisse aus der Massen- und Gräuelpropaganda des Ersten Weltkriegs und ihre tödlichen Folgen hatten die am Institut tätigen Sozialwissenschaftler um den College-Professor Clyde R. Miller darin bestärkt, dass die Sensibilität für allgemeine Gefahren von Propaganda insbesondere durch Bildungsarbeit an Schulen und Universitäten erhöht werden müsse. Über Flyer und regelmäßige Buchpublikationen sollte die einfache amerikanische Bevölkerung in die Lage versetzt werden, allen Propagandamethoden ihrer Politiker auf die Schliche zu kommen. Bei einem derart ambitionierten Vorhaben hatte das IPA womöglich selbst die Macht, die von seinem Untersuchungsgegenstand ausgeht, unterschätzt, denn das Konzept stieß auf wenig Gegenliebe seitens der amerikanischen Regierung, die dem IPA jegliche finanzielle Unterstützung versagte, sodass es bereits im Januar 1942 nach nur vier Jahren – vermutlich nicht zufällig kurz nach Kriegseintritt der USA – gezwungen war, seinen Betrieb einzustellen. Auch wenn es dem Institut deshalb nicht gelingen konnte, die methodische Propaganda in eine grundlegende wissenschaftliche Form zu fassen, und die Einrichtung selbst längst vergessen ist, so eignen sich die simplen aufgestellten Grundformen bis heute hervorragend, um Propagandamethoden entschlüsseln zu können. Eine Übertragung oder Übersetzung der IPA-Publikationen ins Deutsche hat es nie gegeben. Deswegen möchte ich diese heranziehen, um Ihnen dringend diese Basismethoden vorzustellen, und sie mit Querverweisen zu heutigen Techniken digitaler Manipulation verbinden, sodass die ursprüngliche Absicht des IPA damit nicht verfehlt, sondern ergänzt wird. Sie werden über die Masse der Manipulationen gegenwärtiger weltweiter Berichterstattung staunen, die Sie allein anhand dieser beschriebenen Grundformen wiedererkennen werden. Im selben Kapitel sollen anschließend umfassend moderne Techniken von Propaganda, die speziell der Täuschung dienen und damit am gefährlichsten sind, ergänzt werden. Die Wirkung und Ziele dieser Manipulationsmethoden sind innerhalb verschiedener Disziplinen untersucht worden. Zu diesen gehören vor allem Kommunikationsforschung, Rhetorik und Rabulistik, Psychologie und Anthropologie, Markt- und Konsumforschung sowie Medien- und Filmwissenschaft. Da bislang leider interdisziplinäre Ansätze zur Erforschung von Propaganda kaum existent sind oder wie im Falle des IPA nicht weitergeführt werden konnten, werden die Techniken innerhalb der Teilwissenschaften unter vielen verschiedenen Namen ausgeführt. Für einen Großteil existieren bislang nur englische Bezeichnungen, für andere nur lateinische, manche sind unterschiedlich ins Deutsche übersetzt worden, wieder andere haben nie einen festen Begriff zugewiesen bekommen. Wir können also Formen und Methoden von Propaganda präzise beschreiben, insgesamt aber keine allgemeingültigen Namen für diese angeben oder generisch festlegen. In der Hoffnung, dass eine solche Kategorisierung einmal ein einheitliches Design erhalten wird, habe ich für dieses Buch stets die in der Fachliteratur gängigsten Namen der entsprechenden Methoden verwendet, weise aber auch partiell auf alternative Bezeichnungen hin. In einigen Fällen, vor allem da, wo eine Übersetzung aus dem Englischen keinen logischen Sinn ergibt, habe ich mir erlaubt, eigene Benennungen auszuweisen. Nach Abschluss meiner Recherchen war ich selbst erstaunt, wie viele bewährte Methoden propagandistischer Manipulation sich zusammentragen ließen. Letztendlich habe ich mich für die Vorstellung von 60 spezifisch ausgewählten Täuschungsmethoden medialer, psychologischer und rhetorischer Art entschieden, die ich für besonders wichtig erachte. Dazu kommen 15 formulierte Grundformen. Den 75 Propagandamethoden, die in diesem Buch analysiert werden, ordne ich jeweils weitere untergeordnete oder ähnliche Methoden zu, kennzeichne sie und erläutere sie kurz, sodass am Ende 115 Methoden propagandistischer Manipulation vorliegen, die ich zur Übersicht sämtlich und mit Verweisen auf Seite 219 aufliste.

Alle diese Techniken finden genauso Anwendung innerhalb der Kriegspropaganda, der *Kapitel 4* gewidmet ist. Sie ist die wichtigste Waffe jedes kriegführenden Landes und sogar ganz legitimes Mittel im Rahmen der psychologischen Kriegsführung. Kein Staatsmann eines Volkes, das sich im Kriegszustand befindet, würde jemals freiwillig auf dieses mächtige Instrument verzichten, vor allem im Hinblick auf die eigene Bevölkerung, der er den Krieg immer wieder als notwendig verkaufen muss, und auf die Mütter, die ihre Söhne in den Kampf schicken sollen. Außerdem lässt sich die Kriegspropaganda auch auf den Gegner ausrichten, den man mit manipulierten Daten – etwa Opferzahlen, Erfolgen oder Niederlagen – verwirren will. Letztendlich unterstützt sie auch die Bemühungen, die Sympathie verbündeter oder neutraler Staaten zu gewinnen, von denen man sich moralische Legitimation, finanzielle Hilfe oder Waffenbeistand erhofft. Diese Umstände werden wir anhand der Betrachtung ausgewählter Kriege zwischen 1914 und 2023 eindeutig feststellen können.

Neben der Darstellung der spezifischen Propaganda dieser uns bis heute prägenden militärischen Konflikte werden wir uns allgemein mit der Thematik Kriegspropaganda beschäftigen und einerseits analysieren, ob und welche Unterschiede es zur Staatspropaganda in Friedenszeiten gibt, andererseits untersuchen, wie sich Propagandavoraussetzungen und Kriegsberichterstattung im Laufe der Zeit gewandelt haben. Besonders prägnant wird dabei ein Blick auf die sogenannte *psychologische Kriegsführung* innerhalb moderner Informationskriege sein. Daneben soll auch herausgearbeitet werden, welche Propagandaformen in Kriegen generell vorherrschend sind, und die Frage erörtert werden, ob es angewandte Methoden gibt, die in jeder kriegerischen Auseinandersetzung ihre Gültigkeit haben und sich so wiederkehrende Muster zeichnen lassen. Hierzu beziehe ich das Konzept der *Lügen in Kriegszeiten*, das erstmals 1928 vom britischen Pazifisten Arthur Ponsonby mit spezifischem Blick auf den Ersten Weltkrieg herausgestellt und 2004 von der belgischen Historikerin Anne Morelli als *Zehn Prinzipien der Kriegspropaganda* auf die folgenden Kriege projiziert worden ist, mit ein.[6] Über Tafeln und Schaubilder werden diese Prinzipien in sozialen Medien mindestens genauso häufig geteilt wie ein berühmtes Zitat über den Krieg: »Das erste Opfer des Krieges ist die Wahrheit.« Nicht ganz klar ist, von wem diese mehreren prominenten Personen in den Mund gelegte Weisheit stammt, die erstmals während des Ersten Weltkriegs in der englischen Presse auftauchte. Meistens wird sie aufgeworfen oder herangezogen, wenn Ausbrüche von Kriegen diskutiert werden. So hat sich in der historischen Forschung gezeigt, dass in zahlreichen bedeutenden militärischen Auseinandersetzungen ein vorgeschobener Grund – oftmals ein tragisches Ereignis mit vielen unschuldigen Toten – als Kriegsanlass genommen worden ist, während sich die eigentlichen Kriegsziele jedoch im Nachhinein als ganz andere herausstellen sollten. Die Radikalform dieser *Kriegsanlasslügen* wird als *False-Flag*-Aktion beschrieben, wobei das Militär oder der Geheimdienst des angriffsbereiten Staates durch eine verdeckte Operation ein Unglück oder einen Gewaltakt erst hervorruft und die Verantwortlichkeit dafür demjenigen Land unterjubelt, das angegriffen werden soll. Möglicherweise liegt der Grund dafür, dass heute zu fast allen Kriegen der jüngeren Menschheitsgeschichte Verschwörungstheorien über ihren Ausbruch existieren, darin, dass sich inszenierte Lügen tatsächlich als probate Mittel für das Erzwingen eines Krieges herausgestellt haben. Andererseits zeigt sich regelmäßig nach Beendigung eines bewaffneten Konfliktes auch, dass Unwahrheiten und Übertreibungen, die zu Kriegszwecken eingesetzt worden sind, trotzdem als Mythen aufrechterhalten werden, um vorausschauend Lügen weiterhin als notwendiges Mittel zum richtigen Zweck legitim erscheinen zu lassen. So leisten sich Kritiker und Befürworter einer kriegerischen Auseinandersetzung noch viele Jahrzehnte über ein Kriegsende hinaus hitzige Diskussionen um die eigentliche Wahrheit, die zum Krieg geführt habe. Die Geschichtswissenschaft, die sich auch der Aufklärung von Verbrechen der Vergangenheit gewidmet hat, die weitreichende Folgen in der Gesellschaft hervorgerufen haben, kommt dabei mitunter in Bedrängnis, da einerseits natürlich kritische Fragen immer erlaubt sein müssen, demgegenüber aber Spekulationen unbedingt vermieden werden sollen. Um nicht selbst zu Propagandisten zu mutieren, die möglicherweise versuchen, über *False-Flags* hinwegzutäuschen oder auf der anderen Seite aus Verschwörungstheorien politisches oder monetäres Kapital zu schlagen, können sich seriöse Historiker nur auf die Faktenlage berufen. So ist eine fingierte Operation, die bewiesen ist, eine *False-Flag,* während eine Hypothese über eine solche so lange als Verschwörungstheorie gilt, bis Gegenteiliges belegt werden kann. Wir werden uns daher auch mit der Frage beschäftigen, ob und welche Kriegsanlasslügen für die in diesem Kapitel vorgestellten Kriege einen Grund zur militärischen Intervention geliefert haben. Ich werde nicht nur die zeithistorisch bedingten medialen Mittel der einzelnen Konflikte, die Formen der Kriegsberichterstattung und die spezifischen Kennzeichen ihrer jeweiligen Propaganda thematisieren, sondern auch auf ideologische Inhalte und Führungsfiguren eingehen, die bestimmend für die im Fokus stehende Kriegsführung waren. Die einzelnen in *Kapitel 3* veranschaulichten Propagandamethoden werde ich dabei nicht mehr an jeder Stelle ausweisen. Sie werden dann in der Lage sein, diese selbst zu erkennen, und können dies gerne auch als angewandte Übung verstehen. Wo es aber besonders wichtig erscheint, hebe ich die entsprechende Methodik hervor.

In *Kapitel 5* möchte ich schließlich den aktuellen Krieg in der Ukraine auf Propagandainhalte hin untersuchen. In diesem Zusammenhang bedarf es aussagekräftiger Beispiele dazu, welche Seiten auf welche Art und Weise in dem laufenden, uns alle beeinflussenden Konflikt Propaganda einsetzen, um Menschen zu manipulieren, und wie sie sich jeweils voneinander unterscheidet. Außerdem steht die Kriegsberichterstattung neutraler Staaten, insbesondere in Deutschland, dahingehend zur Diskussion, ob sie objektiv arbeitet oder in Einseitigkeiten verfällt – was, wie wir dann nachgewiesen haben, ebenfalls propagandistisch wäre.

Am Ende der Einführung ins Thema habe ich einen Hinweis in eigener und Ihrer Sache: In aller Deutlichkeit möchte ich festhalten, dass ich Ihnen keine politische Anschauung andienen will, denn andernfalls würde ich selbst propagieren, und der Zweck meines Buches, über Methoden medialer Täuschung generell aufzuklären, wäre verfehlt. Ich möchte Ihnen auch keine Meinung verkaufen, sondern Sie dazu anregen, sich weiterhin Ihre eigene zu bilden, aber ohne dies aus einer Manipulation heraus tun zu müssen. Auch sollten Sie möglichst versuchen, beim Kennenlernen der Propagandamethoden oder bei der Vertiefung Ihres Wissens darüber Ihre Anschauungen weitgehend hintanzustellen, damit es Ihnen umso besser gelingt, Propaganda als Technik entlarven zu können, unabhängig davon, von welcher politischen Seite sie genutzt, von welchem Medium sie verbreitet oder in welchem Land sie zur Anwendung kommt. Und dass sie nur auf der einen Seite vorkäme und auf der anderen gar nicht, das stellt, wie bereits angemerkt, nichts Reales dar, sondern ist höchstens etwas, das Ihnen durch die Propaganda »Ihrer Seite« schon eingeredet worden ist. Zunächst könnten Sie also zumindest in Erwägung ziehen, dass Sie in irgendeiner Form von irgendeiner politischen Seite über irgendein Medium manipuliert worden sind oder werden, ohne dass es Ihnen auffällt. Natürlich sollen Sie unbedingt weiter für Ihre eigenen Überzeugungen und politischen Meinungen streiten. Die Schulung in Propagandatechniken kann Sie dabei in die Lage versetzen, jetzt und in Zukunft noch besser entscheiden zu können, welchen Informationen und Medien Sie dafür trauen möchten. Am besten gelingt das dadurch, dass Sie sich aus vielen unterschiedlichen Quellen ein Gesamtbild formen.

Alle Medien sind zwar abhängig von Ihrer Gunst,
Sie aber sind unabhängig und dürfen alle Medien zurate
ziehen! Nutzen Sie diesen Vorteil unbedingt aus!

KAPITEL 2 PROPAGANDA VERSTEHEN: EIN BEGRIFF IM WANDEL DER ZEIT

»Es gibt keinen Unsinn, den man der Masse nicht durch geschickte Propaganda mundgerecht machen könnte«,[7] formulierte der britische Philosoph Bertrand Russell und beschrieb damit treffend schon im Jahr 1951 das aktuell vorherrschende Bild von Propaganda als etwas Negatives. Heute wird der Begriff vor allem dafür gebraucht, einem politischen Gegner unlautere Mittel vorzuwerfen. Niemand aber, der ernst genommen werden will, würde noch von sich behaupten, Propaganda zu betreiben. Hätten allerdings die Deutschen zwischen 1933 und 1945 den Begriff abwertend aufgefasst, hätte Goebbels sich wohl nicht als Leiter des Reichsministeriums für Volksaufklärung und Propaganda (RMVP) bezeichnen lassen können. Propaganda musste zuvor also zumindest in Deutschland schon mit etwas Positivem oder wenigstens Neutralem umschrieben worden sein.

Doch auch ohne dass ein Name dafür existierte, hat es Propaganda wohl immer gegeben. Ihre Techniken lassen sich im Rahmen der Untersuchung von Herrschaftsgeschichte bereits im Altertum nachweisen. Im antiken Griechenland entstand im 5. Jahrhundert vor Christus die Rhetorik als Redekunst der politischen Überzeugungsarbeit, während die Weissagungen des Orakels von Delphi schon ernsthafte Täuschungsabsichten verfolgten. Auch römische Kaiser, die zur Machtsicherung ihr Volk durch »Brot und Spiele« bei Laune hielten, betrieben Propaganda. Fasst man die Definition für den Begriff Medium nicht zu eng, können theoretisch bereits antike Münzen als frühe Propagandamedien eingeordnet werden. Münzbeamte der späten Römischen Republik nutzten die schnelle Verbreitung des Zahlungsmittels nämlich systematisch für politische Zwecke aus, indem sie darauf mit dem prunkvollen Konterfei ihrer Herrscher warben. Sobald ein neuer Kaiser den Thron bestieg, wurden passende Münzen geprägt, die Stationen seines Lebens glorifizierten und ihn so im wahrsten Wortsinne dem Volk »einprägten«. Mit Sicherheit das erste massentaugliche Medium ist das gedruckte Buch, dessen Erfindung durch Johannes Gutenberg seit Ende des 15. Jahrhunderts entscheidend zum Verständnis von Propaganda als Machtmittel beigetragen hat. Komplexe Ideen und politische Konzepte konnten seither theoretisch in alle Teile der Welt gelangen. So machte die Technik der Buchdruckkunst es gleichzeitig möglich, den Begriff selbst zu transportieren. Sprachlich erstmalige Erwähnung in Büchern fand er sodann im Jahr 1622, als römische Kardinäle die Heilige Kongregation für die Glaubensverbreitung (Sacra Congregatio de Propaganda Fide) gründeten – eine Art Hochschule, in der im Zuge der Gegenreformation junge Männer in rhetorischen Fähigkeiten geschult wurden, sodass sie als Überredungskünstler ausziehen konnten, um den katholischen Glauben in ganz Europa zu verbreiten und zu festigen. Der Begriff entstand demnach durch seine Ableitung vom lateinischen Verb propagare, das eben »verbreiten« bedeutet. Bezog sich die Substanz von Propaganda (Propagem oder Ideologem) zunächst wie auch der Anspruch des Herrschers auf Religion, waren es im Zeitalter von Aufklärung und Säkularisierung die neuen politischen

Ideen, die rasant Verbreitung über Propagandamittel fanden und durch neu entwickelte, erschwinglichere Medien wie die Zeitung allen Schichten der Gesellschaft zugänglich wurden. Weltweit erkannten führende Politiker, dass sich die Informationsarbeit des jungen Journalismus im 18. Jahrhundert, der eigentlich hatte so unabhängig sein wollen, effektiv ausnutzen ließ, um die Ansichten der Masse zu beeinflussen und so die Herrschaft über die öffentliche Meinung zur größten Macht werden zu lassen. Die ebenfalls noch junge Disziplin der Psychologie, die sich erst im 19. Jahrhundert als empirische Wissenschaft etablieren sollte, beobachtete diese Entwicklung mit zunehmender Sorge, zunächst in den Auswirkungen auf die Psyche des Individuums. Doch der Begründer der Massenpsychologie Gustave le Bon sah 1895 schließlich in der Masse selbst die aufziehende Gefahr durch politische Manipulation verortet und warnte: »Die Verbrechen der Massen sind in der Regel die Folge einer starken Suggestion, und die einzelnen, die daran teilnahmen, sind hinterher davon überzeugt, einer Pflicht gehorcht zu haben. Das ist beim gewöhnlichen Verbrecher durchaus nicht der Fall.«[8]

Dass sich mithilfe von Propagandatechniken neben politischen Inhalten auch materielle Güter optimal unters Volk mischen ließen, entging auf der anderen Seite keinem wirtschaftlichen Zweig. Da sich Methoden und Ziele glichen, wurde Propaganda sprachlich neben ihrer Anwendung auf politische Meinungsbildung ab dem 18. Jahrhundert auch für sämtliche Produkte und Dienstleistungen verwendet, die man käuflich erwerben konnte. Zwar erkannten bereits damals eine Menge kluger Menschen, dass man sie mittels einer rhetorischen Technik zu manipulieren versuchte, doch der Begriff Propaganda an sich behielt zunächst eine weitestgehend wertneutrale Bedeutung und stand – mit Ausnahme ihrer Verwendung im nationalsozialistischen Deutschland – bis Mitte des 20. Jahrhunderts auch noch für Reklame jeglicher Art.

Während des Ersten Weltkriegs jedoch deutete sich schon der Wandel des Begriffs hin zu seinem zukünftigen Verständnis an. Die Entwicklung der sogenannten Gräuelpropaganda, die vor allem Briten und Franzosen ab 1914 und Amerikaner ab 1917 aufboten, um in der Bevölkerung ihren Krieg gegen Deutschland mittels Hetze zu legitimieren, gab spätestens mit Beginn des Zweiten Weltkriegs den Anstoß für die Verwendung des Begriffs ausschließlich für politische Inhalte. Die Erfahrungen aus den beiden großen Kriegen des 20. Jahrhunderts sind somit auch maßgeblich prägend für unsere heutige Auffassung von Propaganda als etwas Negatives. Die Gräuelpropaganda entwickelte sich im Laufe des Ersten Weltkriegs zu einer so mächtigen Kriegswaffe, dass man sie in den USA bereits parallel wissenschaftlich untersuchen ließ. Die Propaganda des Deutschen Reiches, die hauptsichtlich auf Außendarstellung, Patriotismus und Werbung zur finanziellen Unterstützung der Soldaten mittels Kriegsanleihen abzielte, sollte sich dagegen als ungleich weniger effektiv erweisen. So waren nach Kriegsende in Deutschland bedeutende Wissenschaftler davon überzeugt, dass die Schwäche der deutschen Propaganda maßgeblichen Anteil an der Kriegsniederlage gehabt habe, und forderten eine ausführliche Erforschung der Manipulationsmethodik, um in Zukunft besser gewappnet zu sein. Prominente Fürsprecher dabei waren der Werbetheoretiker Hans Domizlaff, der Staatswissenschaftler Johann Plenge und der Publizist Edgar Stern-Rubarth. Sie kristallisierten sich als führende Köpfe der Entwicklung einer neuen, effektiven deutschen Propagandalehre heraus, die sich bald als tödlichste und grausamste ihrer Art erweisen sollte. Politische Parteien richteten in der Frühphase der Weimarer Republik eigene Propagandazentralen ein, die an Universitäten erforschte Manipulationsmethoden praktisch umsetzten. Auf Propagandaplakaten und in ersten Propagandafilmen glorifizierten Politiker und Mitglieder ihre eigene Partei und überschütteten die Konkurrenz mit Spott und Häme. Begünstigt wurde die massenpsychologisch ausgerichtete Verbreitung von Propaganda vor allem durch die fortschreitende Technik in Rundfunk und Film der 1920er-Jahre. Besonders in den USA erkannte man früh parallel die Macht, die von der Beherrschung der Massenmedien ausgehen würde.

> *Wir werden von Personen regiert, deren Namen wir noch nie gehört haben. Sie beeinflussen unsere Meinungen, unseren Geschmack, unsere Gedanken [...] Die unsichtbaren Herrscher kennen sich auch untereinander meist nicht mit Namen [...] Ob es uns gefällt oder nicht, Tatsache ist, dass wir in fast allen Aspekten des täglichen Lebens, ob in Wirtschaft oder Politik, unserem Sozialverhalten oder unseren ethischen Einstellungen, von einer [...] relativ kleinen Gruppe Menschen abhängig sind, die die mentalen Abläufe und gesellschaftlichen Dynamiken von Massen verstehen. Sie steuern die öffentliche Meinung [...] Um die Welt zusammenzuhalten und zu führen.*[9]

Was sich heute für manch einen liest, als hätte es ein unverbesserlicher »Facebook-Verschwörungstheoretiker« formuliert, der womöglich sogar unter Verdacht geriete, »strukturellen Antisemitismus zu bedienen«, stammt tatsächlich aus der Feder des amerikanischen Psychologen Edward Bernays, seines Zeichens Begründer der modernen *Public Relations* und innerhalb der Kommunikationswissenschaften bis heute als »Vater der PR« geehrt. Mit seinen Büchern und exorbitanten Kampagnen legte der New Yorker Spindoctor auch die Grundlagen für die theoretische Erforschung von Propaganda und *psychologischer Kriegsführung*, wie sie heute existieren. Dabei verfolgte Bernays sicherlich keine edlen Ziele und hatte auch nicht die Aufklärung der Bevölkerung bezüglich Gefahren von Propaganda im Sinn. Er war Geschäftsmann und hat mit seinen kommerziellen Strategien und millionenschweren Kampagnen Weltkonzernen und US-Präsidenten gleichermaßen zu Geld und Macht verholfen. Obwohl sie seine Techniken alle aus dem täglichen Leben kennen, ist den meisten Deutschen sein Name – ganz im Gegensatz zu dem seines berühmten Onkels, des Wiener Psychoanalytikers Sigmund Freud – vollkommen unbekannt. Das hat auch damit zu tun, dass Bernays' Weltbestseller und erfolgreichstes Buch, das bezeichnenderweise gleich den Titel *Propaganda* trägt, erst 2007 und somit 80 Jahre nach seinem Erscheinen im Original erstmalig auf Deutsch verlegt worden ist. Das mag verwundern, denn immerhin hatte das *Time Magazine* Bernays 1990 bereits unter die weltweit hundert einflussreichsten Menschen des 20. Jahrhunderts gewählt. Selbst Goebbels, in dessen Bibliothek Bernays' Bücher nach dem Krieg gefunden worden waren, soll sich ungeachtet der Tatsache, dass Bernays Jude war, von seinen Propagandamethoden inspirieren lassen haben. So stammt etwa folgende Feststellung, die sich mit dem Aufbau der goebbelschen Methode in Verbindung bringen lässt, von ebendiesem: »Propaganda steuert den Geist der Massen auf ähnliche Weise, wie die Befehlsgewalt beim Militär die Soldaten physisch unterwirft.«[10]

Da es für Bernays keinen technischen Unterschied zwischen der Verwendung des Begriffs Propaganda im politischen oder marktwirtschaftlichen Sinne gab, erforschte er sie in einem übergeordneten Rahmen, in den viele Aspekte des menschlichen Lebens einflossen. Er schreibt: »Moderne Propaganda ist das stetige, konsequente Bemühen, Ereignisse zu formen oder zu schaffen mit dem Zweck, die Haltung der Öffentlichkeit zu einem Unternehmen, einer Idee oder einer Gruppe zu beeinflussen.«[11] Auch wollte Bernays nie eine generelle Wertung darüber abgeben, ob Propaganda gut oder schlecht sei. Wie man sie beurteile, müsse vom Zweck abhängen, für den sie werbe, und vom Wahrheitsgehalt der vermittelten Informationen.[12] Tatsächlich sagt Propaganda allein weder etwas über ihren eigentlichen Zweck noch über die Folgen ihrer Methodik aus; sie muss daher, um Aussagen darüber treffen zu können, immer im Kontext untersucht werden. Theoretisch kann Propaganda gut gemeint sein, doch gibt es dafür kaum geeignete Beispiele, weil diese durch den Begriffswandel schon als erfolgreiche PR-Kampagnen bezeichnet worden sind. Bernays hatte zumindest Gutes im Sinn für jene kommerziellen Institutionen und Wirtschaftsunternehmen, die sich seine Propagandastrategien leisten und ihn als Verkaufsstrategen engagieren konnten. Seinen größten Coup landete er mit dem Auftrag, den eingebrochenen Umsatz der Zigarettenmarke Lucky Strike auszugleichen, und sein Konzept dafür brachte der American Tobacco Company innerhalb weniger Jahre eine regelrechte Goldgrube ein. Dabei hatte das Verkaufsgenie lediglich erkannt, dass die Zigarettenindustrie ihre Absätze um die Hälfte würde steigern können, wenn endlich auch Frauen öffentlich rauchen würden, denn das schickte sich in den 1920er-Jahren auf der ganzen Welt noch nicht. Seine Kampagne: im Vorfeld der New Yorker Osterparade 1929 einige junge Frauen dazu zu überreden, während der Parade rauchend auf der Fifth Avenue spazieren zu gehen. Ohne ihr Wissen verschickte er dann Mitteilungen an die wichtigsten Presseorgane des Landes und kündigte an, dass Feministinnen an besagtem Tag unter dem Motto »Torches for Freedom« für ihr Recht auf Zigaretten demonstrieren würden. Die Taktik: alles zu besorgen, wonach erfolgreiche Propaganda verlangt, vornehmlich Veränderung der Verhaltensweisen durch Manipulation sowie Aufmerksamkeit und Verbreitung durch hohe Medienpräsenz. Selbst den passenden Slogan lieferte Bernays dazu. Seine

»Fackeln für die Freiheit« schafften es in Windeseile in die Schlagzeilen der Weltpresse. Der Erfolg gab ihm recht: Emanzipierte Frauen weltweit machten es den mutigen New Yorkerinnen nach und rauchten bald genauso ungeniert wie ihre Männer – auf den Straßen und überall sonst. Nach Ende des Zweiten Weltkriegs, als der Welt schmerzlich bewusst wurde, dass die antisemitische Propaganda der Nationalsozialisten ihren nicht unerheblichen Anteil am Holocaust geleistet hatte, ließ Bernays, wissend darum, dass der von ihm mitgeprägte Begriff sein negatives Image nicht mehr loswerden würde, von ihm für die Bezeichnung industrieller Produkte ab. Die Techniken politischer Propaganda beschrieb er fortan unter dem Oberbegriff Public Relations, mit dem er erstmals 1923 Öffentlichkeitsarbeit bezeichnet hatte. Unzählige weitere Wissenschaftler folgten seinem Beispiel und vollzogen auf diese Weise die Begriffsverschiebung, sodass wir heute einen klaren Unterschied zwischen Werbung für käufliche Produkte und Propaganda im politischen Sinne erkennen. Schwerer tut sich die Wissenschaft dagegen, den Begriff PR innerhalb der beiden länger etablierten Termini zu verorten. Zwar existiert auch für PR selbst keine allgemeingültige Definition, sie wird aber im Allgemeinen als Oberbegriff für die Gestaltung öffentlicher Kommunikationsarbeit von Organisationen, Unternehmen oder Behörden verstanden mit dem Ziel, durch Außendarstellung Vertrauen zu gewinnen. Letztendlich geht es bei PR-Arbeit ebenfalls um den Verkauf profitabler Güter, sodass man sie als eine Form von Werbung betrachten kann. Zusätzlich ist diese jedoch besonders um das Image eines ganzen Unternehmens bemüht und soll Überzeugungsarbeit nicht allein durch Bewerbung eines Produktes oder gar durch Täuschung, sondern vor allem über ehrliche Kommunikation mit den Kunden Vertrauen herstellen. Dennoch vertreten bis heute einige Wissenschaftler die These, man könne zwischen den drei persuasiven Methoden Werbung, PR und Propaganda definitorisch nicht klar differenzieren, weil sie allesamt manipulativ seien. Für den PR-Theoretiker Michael Kunczik zum Beispiel sind »alle Versuche, Werbung, Public Relations und Propaganda unterscheiden zu wollen, lediglich semantische Spielereien [...]«.[13] Auch Allgemeinlexika wie der *Duden* führen unter dem Begriff Propaganda neben seiner politischen weiterhin die klassische Bedeutung Werbung auf. Manche Wissenschaftler fühlten sich regelrecht überfordert mit der Differenzierung und den existierenden Kontroversen. Der Kommunikationswissenschaftler Franz Ronneberger etwa schrieb, dass er dafür plädiere, Propaganda als einen vorwissenschaftlichen, unbrauchbaren Begriff anzusehen und ihn gänzlich zu streichen.[14] Das Gros aller Forschungsarbeiten wie auch die des Autors[15] sehen keine Schwierigkeiten darin, Propaganda als Methode ausschließlich politischer Manipulation zu kennzeichnen, die weder ein Softeis bewerben will noch im Sinne hat, das Image eines Zoos aufzupolieren. Ohne Frage arbeiten Werbung und PR ebenfalls manipulativ, und die Grenzen zwischen den Begriffen sind fließend, aber das unterscheidende Kriterium sollte sein, dass der Propagandist ohne Rücksicht auf Wahrheiten ganze Lebenseinstellungen umformen will und keine Scheu davor hat, Menschen in ihrem Denken und Tun so zu täuschen, dass sie nach seinen Ansichten und Interessen leben und handeln. So wird Propaganda eben auch von der Allgemeinheit als negativ verstanden, was im Umkehrschluss bedeutet, dass Personen, die sich ihrer bedienen, den Namen dafür vermeiden müssen. Zwar mag manch ein Politiker insgeheim hoffen, wenn ein Begriff nicht mehr existiere, dann gilt das auch für das Problem dahinter, doch damit wird er sich immer wieder ein Bein stellen. Denn selbst in modernen, demokratischen Staaten, vor allem in Kriegszeiten, spielt Propaganda nach wie vor eine genauso gewichtige Rolle wie zu Zeiten, als sie noch frei so bezeichnet werden konnte. Kommunikationsformen oder staatliche Institutionen, die sich propagandistischer Methoden bedienen, müssen daher heute eben unter anderem Namen auftreten. In den USA zuständig für die »psychologische Kriegsführung« ist die United States Information Agency, in Deutschland betreibt das Presse- und Informationsamt der Bundesregierung »Öffentlichkeitsarbeit«.

Der französische Philosoph Jean-François Revell hat sich intensiv mit den Gefahren auseinandergesetzt, die sich aus einem propagandistischen Zusammenspiel zwischen Politik und Medien ergeben können, und zog daraus eine Analogie zu Herrschaftsansprüchen allgemein: »Die allererste aller Kräfte, die die Welt regieren, ist die Lüge.«[16]

Trotz aller Warnungen muss man eingestehen, dass Politiker Propagandatechnik legal einsetzen können und Lügen in ihrem Business nicht per se verboten ist. Tatsächlich sind es letztendlich eben nur die Inhalte, die darüber entscheiden, ob eine Verfassungswidrigkeit gegeben ist. Ob man einem Volksvertreter oder einem Medium propagandistische Täuschung durchgehen lassen will, bemisst sich auf moralischer Ebene vor allem anhand ihrer speziellen Funktionalität und dem Grad des Betruges. Vor politischer Manipulation generell schützen muss sich jeder selbst; das gilt auch und gerade für eine nach ihrem Selbstverständnis unabhängige und neutrale Presse, die eine Täuschungsabsicht nicht gewähren lassen darf. Selbst wenn Journalisten und Medienleute unseres Landes aus vermeintlich wohlwollenden Gründen auf eine von nach Umfragen immer mehr Menschen als zu parteiisch empfundene Nachrichtenvermittlung setzen, weil sie beispielsweise die Bevölkerung schützen wollen, so dürfen sie niemals kritische Stimmen unterdrücken. Alle zu hören und eine Ausgewogenheit der Information und Meinung zu wahren, ist der Auftrag, dem sie sich in ihren Leitsätzen selbst einst fest verpflichtet haben und die im Rahmen des Wahrhaftigkeitsgebotes und der Sorgfaltspflicht im Pressekodex bewahrt werden. In herausragendem Maß gilt das für die von den Bürgern nicht freiwillig bezahlten öffentlich-rechtlichen Sender, denen die Abwanderung ihrer Stammkonsumenten hin zu alternativen Medien, unter denen sich längst fundierte Formate gebildet haben, nicht nur allein aus wirtschaftlicher Sicht nicht recht sein kann. Denn natürlich sind mit dieser rasanten Entwicklung gesellschaftliche Gefahren verbunden, weil Menschen innerhalb der unkontrollierbaren Fülle von hervorsprießenden neuen Medienformaten geködert werden könnten und sie dort, vielleicht ohne es zu bemerken, einer vielfach radikaleren Propaganda ausgesetzt werden könnten. Die sogenannten Leit- und Mainstreammedien westlicher Demokratien haben sich nach den Erfahrungen zweier Weltkriege ebenfalls im Besonderen dazu verpflichtet, die Mächtigen zu kontrollieren, doch dieser Anspruch ist wie seine Umsetzung und auch das Verhältnis zwischen Medien und Politikern grundsätzlich gestört geblieben und driftet heute sogar immer weiter auseinander. Nachrichtenagenturen und Redaktionen, die über Entscheidungen im Machtzentrum berichten wollen, wissen, dass sie die Gunst der Regierenden brauchen, um an brisante Informationen zu kommen, die wiederum für Käufe, Auflagen und Klicks sorgen und dadurch ihr wirtschaftliches Überleben – heute mehr denn je – garantieren. Journalisten laufen gerade in Krisenzeiten deswegen immer wieder Gefahr, Politikern nach dem Mund zu reden, Propaganda zu übernehmen oder sie nicht als solche aufzudecken, beispielsweise indem Themen ausgeklammert oder heruntergespielt werden. Wenn die Bürger einer Gesellschaft das Gefühl haben, dass ihre drängendsten Probleme nicht mehr oder zu wenig in den Medien thematisiert werden, weil es etwa Politikern, die diese Missstände durch falsche Entscheidungen erst hervorgerufen haben, unangenehm wäre, besteht die Gefahr, dass sich unkritischer Verlautbarungsjournalismus breitmacht. Wenn Journalisten mit der Sprache der Regierenden sprechen und nicht mehr mit der des Volkes – wofür im übertragenen Sinne für viele längst das Gendersternchen steht – wirken sie nicht weiter glaubhaft, sondern wie distanzlose Hofberichterstatter. Dann ist Vorsicht geboten, denn aus unheilvollen Symbiosen zwischen Politik und Medien kann sich ein Vabanquespiel entwickeln, bei dem immer die Bauern auf dem Feld respektive das Volk zuerst geopfert werden. Durch ihre gegenseitige Abhängigkeit voneinander besteht eine elementare Gefahr, dass sich in einem etablierten Wechselspiel und korrelativen Vereinbarungen und Zugeständnissen eine bestimmte politische Anschauung innerhalb der Mainstreammedien eines demokratischen Staates so festigt, dass die unabhängige Berichterstattung ernsthaft bedroht ist. Jeder Journalist weiß um diese Gefahren, denn genau diese werden ihm nicht zufällig während seiner Ausbildung regelrecht eingetrichtert. Doch der Druck im redaktionellen Alltag, zunehmende Konkurrenz auf dem Arbeitsmarkt, fehlende Durchschlagskraft über Selbstkontrolleinrichtungen und Bestechungsangebote aus der Politik lassen ihn das mitunter vergessen. Hinzu kommt das Dilemma, dass Journalisten und Medien generell gar nicht als Quelle einer Thematisierung in Erscheinung treten wollen und deshalb auf initiale Inspiration aus dem politischen Alltag angewiesen sind. Das wissen Politiker ebenso wie sie Kenntnis über die Gefahren journalistischer Befangenheit haben und nutzen es bei Gelegenheit nur allzu gerne zu ihrem Vorteil aus, denn gut dazustehen ist ihre zentrale Bestimmung.

Wenn in diesem Geflecht eine verantwortungsvolle Medien- und Staatskritik fehlt, die zu journalistischer Selbstreflexion führt, oder bewusst unterdrückt wird, verlieren die Bürger eines Staates das Vertrauen in die bisher als seriös geltenden Medien. Heute gibt es anders als im letzten Jahrhundert grundsätzlich die Möglichkeit, sich ganz von den Mainstreammedien ab- und alternativen Medien zuzuwenden, in denen zunehmend mehr Menschen eine professionellere Distanz zur Regierung und objektivere Berichterstattung verortet wissen wollen. Andererseits haben die Machthaber anderer Länder längst erkannt, dass sie über Einladungen und Zitationen in alternativen ausländischen Medien kostengünstige und bequeme Möglichkeiten für die eigene Propaganda erhalten. Heute steht Diktatoren oder Staatsgewalten kriegführender Länder längst nicht mehr nur die Option bereit, ihr Volk zu manipulieren, sondern mit ihrer Ideologie jederzeit auch die Bürger anderer Staaten zu erfassen – eine Entwicklung, die ebenfalls kriegsentscheidend sein kann. Zwar haben Machthaber schon in Kriegen der Vergangenheit stets versucht, die Moral der feindlichen Soldaten oder der Bevölkerung durch Propaganda zu brechen, doch wo man früher auf Flugblätter und Lautsprecher zurückgreifen musste, stehen im globalisierten digitalen Zeitalter unendlich viele Möglichkeiten zur Verfügung, jede gewünschte Zielgruppe medial zu indoktrinieren. Zur vermeintlichen Abwehr dieser Gefahren setzen hiesige Politiker aber bereits wieder falsche Strategien ein. Aus Angst, die Propaganda der nach ihrer Agenda zu unerwünschten Staaten erklärten Länder könnte die Bürger ihres Staatsgebiets erfassen, lassen sie, statt diese zu entlarven, ausgewählte ausländische Medienkanäle mitunter einfach sperren; dazu müssen sie sich Methoden bedienen, wie man sie eigentlich nur aus totalitären Regimen kennt. Sie haben nicht erkannt, dass sie mit Zensur das Gegenteil erreichen. Denn sobald ein gesperrter Kanal versiegt ist, findet er einen neuen Weg, aber hängen bleibt bei den Bürgern des eigenen Landes – und dann natürlich ausgeschlachtet von Politikern des anderen –, dass auch in Deutschland zensiert würde. Dabei kann man Propaganda niemals durch Zensur bekämpfen, auch nicht durch Gegenpropaganda, sondern nur durch schonungslose Offenlegung und ehrliche Aufklärung, die allerdings eine thematische Auseinandersetzung mit ihr unumgänglich machen würde.

Zur Kritik gehört ebenfalls, dass so bezeichnete neutrale Medien, wahrscheinlich aus Sorge, die falsche Haltung einzunehmen, von Politikern gezeichnete Schwarz-Weiß-Bilder übernehmen; damit versuchen sie, eine Grundordnung zwischen Krieg führenden Staaten, nämlich solchen, die angreifen, und solchen, die überfallen werden, zu generalisieren und diese Einordnung immer wieder auch auf das Wesen der Zivilbevölkerung der beteiligten Nationen zu übertragen. Alle Absichten aber, das Große und Ganze, die generelle Einstellung, über einzelne Bilder und Ereignisse zu stellen, sind falsch und manipulativ. So gab und gibt es in jeder kriegerischen Auseinandersetzung Verbrechen auf allen Seiten, die auch ganz klar als solche herausgestellt und untersucht werden müssen, trotz der Gefahr, dass dadurch andere zwischen Deutschland und einem Verbündeten verabredete Zugeständnisse oder ausgehandelte Deals für weniger Akzeptanz in der Bevölkerung sorgen könnten. Selbst wenn die vermeintlich gute Seite Propaganda betreibt, müssen unabhängige Journalisten dieses genauso schnell und deutlich kennzeichnen, wie sie es umgekehrt als selbstverständlich ansehen und häufig sogar übereifrig zu tun pflegen. Das ist bei Weitem keine neue Erkenntnis aus dem aktuellen Ukraine-Konflikt, sondern lässt sich – wie wir sehen werden – bisher während anderer kriegerischer Auseinandersetzungen spätestens seit der zweiten Hälfte des 20. Jahrhunderts beobachten.

Anders als Leitmedien müssen alternative Medien nicht auf die Gunst von Regierenden setzen und können in ihren zahlreichen Formaten all diejenigen von der Mainstreampresse geschassten Experten und Wissenschaftler zu Wort kommen lassen, die im Rahmen pluralistischer Meinungsbildung von den Bürgern gehört werden wollen und müssen. Während in den großen deutschen Talkshows – auch wenn es glücklicherweise Ausnahmen gibt – immer öfter dieselben, oftmals direkt von den Regierungen abgesegneten oder abgesandten Meinungsmacher sitzen, werden auf der anderen Seite Kritiker, selbst wenn sie nachweislich wissenschaftlich über weitaus bessere Expertisen und Reputationen verfügen, fallen gelassen, ignoriert oder im schlimmsten Fall in irgendeine Ecke gestellt, in die sie nicht gehören. Die Auseinandersetzung mit ihnen könnte nämlich wiederum die Redaktionen in einen Konflikt dahingehend bringen, dass Politiker, die sich kritischen Fragen öffentlich einfach nicht stellen wollen, dann nicht mehr in ihren Sendungen auftreten würden. Medienverantwortliche und Berufspolitiker, die mit diesem Missstand konfrontiert werden, greifen nicht selten gleich wieder in die Propagandatrickkiste und behaupten, das ausgemachte Ungleichgewicht oder die einseitige Berichterstattung seien nichts weiter als im Volk kursierende Verschwörungstheorien.

In den letzten Jahren sind so viele kritische Stimmen in die »Nazi-, Querdenker- oder Reichsbürger-Schublade« gesteckt worden, dass es kaum mehr wundern würde, schreckte man mittlerweile auch nicht davor zurück, Wissenschaftlern, die über Propaganda aufklären wollen, mittels Propagandatechniken vorzuwerfen, sie würden selbige betreiben. So gesehen, schreiben sich differenzierte Bücher wie dieses natürlich nie unter ganz einfachen Vorzeichen. Halten wir an dieser Stelle also noch mal direkt fest, dass es sich bei der Annahme, eine politische und wirtschaftliche Machtelite habe so viel Einfluss auf die Medien auch eines demokratischen Staates, dass diese dazu in der Lage ist, die öffentliche Meinung zu manipulieren, per se um keine Verschwörungstheorie handelt, sondern um eine grundlegende These der Medien- und Kommunikationswissenschaft. Jedenfalls sollte sie so lange gültig sein, wie man ihre Pioniere wie Bernays, Lasswell oder Lippmann nicht selbst Verschwörungstheoretiker nennen will. Nach dem Propagandamodell von Noam Chomsky, einem der einflussreichsten Intellektuellen des 20. Jahrhunderts, das er gemeinsam mit dem Medienanalysten Edward S. Herman konzipiert hat, »dienen die Medien den eng miteinander verzahnten Interessen der wirtschaftlichen und staatlichen Macht. Diese Interessen beschränken die Berichte und Analysen auf eine den etablierten Privilegien nützliche Weise und begrenzen demzufolge auch die entsprechenden Debatten und Diskussionen.«[17] In ihrem Modell zeichnen die Autoren im Hinblick auf die Neutralität des westlichen Medienmainstreams ein erschreckendes Bild und nennen plausible Gründe dafür, warum mediale Botschaften oft in Einklang mit den Herrschenden stehen würden. So gebe es auch innerhalb von Demokratien nur eine scheinbare Medienvielfalt. In Wirklichkeit würden wenige Großunternehmen die Mainstreammedien beherrschen, die wiederum in Abhängigkeit zu ihren Sponsoren stünden. Diese könnten im Gegenzug für Werbeeinnahmen Programme mitbestimmen und dürften außerdem damit rechnen, dass diejenigen Medien, die sie finanzierten, keine Inhalte produzierten, die ihren Unternehmen schaden könnten. Würden Medienschaffende hingegen ihnen wohlgesinnte Großkonzerne oder politische Entscheidungsträger verärgern, hätten sie mit erheblichen Sanktionen zu rechnen, die von Streichung der Werbeeinnahmen bis hin zu wirtschaftlich schädlichen Negativkampagnen, die über engagierte PR-Agenturen gesteuert würden, reichten.[18] Chomskys Propagandamodell gilt bis heute weltweit unter Kommunikationswissenschaftlern und Soziologen als valide und empirische Grundlage für eigene Forschungen, muss sich aber gerade in Zeiten sich stetig verändernder Informations- und Kommunikationstechnologien immer wieder auch Kritik an Simplifizierung von Machtverhältnissen gefallen lassen. Doch noch sind journalistische Verstöße und Befangenheit sowie die Überprüfung medialer Nähe zu Politik, Wirtschaft und öffentlich-rechtlichen Medien Kernbestandteile von Medienkritik als Kommunikationswissenschaft. Deshalb sollte sie in diesen ihren entscheidenden Fragen politisch und gesellschaftlich unbedingt ernst genommen werden, denn ihr Hinterfragen folgt einem bedeutenden demokratischen und systemrelevanten Grundauftrag.

KAPITEL 3
PROPAGANDA ENTLARVEN: ÜBER 75 FORMEN UND TECHNIKEN IN PRAKTISCHER ANWENDUNG

Propagandaformen

Formal können wir wenige, aber maßgebliche Unterscheidungen von Propaganda vornehmen. Ob sich der Propagandist etwa direkter oder indirekter Methodik bedient, hängt fundamental von seiner Ausgangsposition ab. Hat er noch keinen großen Stellenwert oder keine Macht über seine Zielgruppe, muss er annehmen, dass seine Ansichten auf Widerstand und Ablehnung stoßen. Daher wird er in diesem Falle versuchen, sich der *indirekten Propaganda* zu bedienen; sie soll unterschwellig wirken und den Rezipienten nicht merken lassen, dass der Propagandazweck ins Zentrum der auf Beeinflussung gerichteten Kommunikation rücken könnte. *Direkte Propaganda* versucht hingegen, ihre Ziele unverschleiert und offen darzulegen und durchzusetzen. Oft ist der Propagandist dann bereits eine sozial oder politisch prominente und deshalb machtvolle Person, die ihre Stellung möglicherweise sogar schon durch den Einsatz von Gewaltandrohung oder Gewaltausübung ausnutzen kann, wenn ihre Regeln nicht beachtet werden.

Weiterhin lässt sich formal der Grad von Manipulation unterscheiden. Wie Werbung und PR zählt Propaganda innerhalb der Kommunikationswissenschaften als persuasive Technik, womit grob festgehalten ist, dass jemand zielgerichtet beeinflusst werden soll. Der Propagandist wird dafür drei verschiedene Formen einsetzen. Geht es ihm darum, seine Zielgruppe kurzfristig zu etwas zu bewegen, wählt er die *Propaganda durch Überredung*. Hier muss er unmittelbar vor Publikum wirken und setzt daher maßgeblich auf Sympathie, die sich zum Beispiel herstellen lässt, indem der Propagandist sich in Sprache, Auftritt und Kleidung als Angehöriger seiner Zielgruppe verkauft, als jemand, der die gleichen Werte vertritt und für ihre gemeinsamen Interessen einsteht. Ohne die Kontrolle abgeben zu müssen, zeigt er sich offen und lädt Personen aus dem Publikum dazu ein, Stellung zu beziehen. Sein vordergründiges Ziel ist es, Vertrauen herzustellen.

Will der Propagandist längerfristig Denkweisen verändern, reicht Überredung nicht aus. Er muss seine Sache nicht nur schlüssig vortragen, sondern potenzielle Mitstreiter förmlich mitreißen. Seine Wahl ist dann *Propaganda durch Überzeugung*, die bereits deutlich manipulativere Methoden aufweist. Dabei geht es dem Propagandisten vor allem darum, jegliche Kritik an seiner Anschauung zu entkräften und sie gegen eine Widerlegung regelrecht zu immunisieren. Dazu muss er thematisch auch mit den Inhalten seiner politischen Gegner fest vertraut sein, die andere Seite also ganz genau kennen, um diese dann offen herausfordern und sie öffentlich buchstäblich zerlegen zu können. Die Mittel der Wahl sind bei der Propaganda durch Überzeugung Eloquenz und Rhetorik. Gleichzeitig muss der Propagandist seinem Zielpublikum sein Ideologem nicht nur schmackhaft machen, sondern es zur einzig gültigen Sichtweise erklären. Neben dem Herabwürdigen der anderen Seite und dem Glorifizieren der eigenen wird er dabei auf Helfer setzen. Er zitiert prominente Personen der Vergangenheit und Gegenwart, die bereits Vertrauen in der Öffentlichkeit besitzen, und stellt sie sich so an seine Seite. Seine Überzeugungsfähigkeit gelingt am effektivsten, wenn der Propagandist in seiner Zielgruppe schon auf seiner Ideologie fußende, veränderte Verhaltensweisen ausgemacht hat oder sie dieser ähneln. Er kann dann sogenannte Anker auswerfen, die Verbindungen zwischen ihm und dem Publikum jeweils knüpfen oder stärken.

Wenn hingegen nur noch die Wirkung im Vordergrund steht und der Propagandist meint, bereits so mächtig zu sein beziehungsweise so viele Unterstützer hinter sich zu vereinen, dass er seine Glaubwürdigkeit vernachlässigen könne, kann er sich unverhohlen der *Propaganda durch Täuschung* bedienen. Hier stehen ihm Dutzende manipulative Methoden rhetorischer und technischer Art zur Verfügung. In extremer Form kann der Propagandist vermeintliche Fakten ohne empirischen Wahrheitsgehalt als Tatsachenbehauptung vortragen, Statistiken fälschen oder Aussagen von Personen zitieren, die diese nie von sich gegeben haben. Wenn er sich solcher Mittel allerdings bedient, hat er meist schon Kontrolle über die Medien – oder zumindest maßgeblichen Einfluss auf sie –, ansonsten liefe er zu schnell Gefahr, dass plumpe Lügen ihn auffliegen lassen respektive ihn schwächen könnten. Zur Strategie der propagandistischen Täuschung zählt auch die redaktionelle Überarbeitung von Sprache in Gestalt von politischer Bereinigung. In einer Diktatur ist das Ergebnis immer eine offizielle Ausdrucksweise, die Journalisten dazu zwingt, um der Erlangung von Informationen willen ihre eigenen Aussagen so zu formatieren, dass sie entweder der öffentlichen Sprache und damit der Propaganda entsprechen, oder sie kryptisch zu formulieren, um dem Volk so zwischen den Zeilen und verschlüsselt zu sagen, was Wahrheit ist.

Zur schnelleren Abgrenzung und Schattierung haben sich innerhalb der Kriegsberichterstattung, die in besonderem Maße den

Wahrheitsgehalt in den Vordergrund rückt, drei weitere Begriffe für Propagandaformen etabliert, die sich aus den oben genannten ergeben. *Weiße Propaganda* ist die am ehesten durchschaubare, aber auch in Kriegszeiten am wenigsten effektive Form. Ihr Zweck ist zwar instrumentalisiert, doch sie nennt Quellen und zitiert korrekt, weil sie auf Überredung oder Überzeugung ausgelegt ist. Der Propagandist gibt sich dabei immer zu erkennen. *Graue Propaganda* will generell zwar auch überzeugen, doch verschleiert sie dafür ihre Quellen und reißt Zitate aus dem Zusammenhang, sodass ihr Wahrheitsgehalt nur noch schwer nachprüfbar wird. *Schwarze Propaganda* hingegen ist die zugleich undurchsichtigste und effektivste Form der Manipulation, da sie auf Täuschung und Lügen aufbaut und hier aus dem Vollen schöpfen kann. Während Behauptungen und Ereignisse erfunden werden, bleibt der Propagandist selbst im Hintergrund. Methodisch betrachtet kommen sowohl die indirekte Propaganda als auch die Propaganda durch Überredung und Überzeugung sowie *Weiße Propaganda* den Praktiken heutiger PR am nächsten. Innerhalb der Forschung haben bedeutende Autoren von klassischen Soziologen wie Jacques Ellul[19] bis hin zu modernen Kommunikationstheoretikern wie Thymian Bussemer[20] weitere, besonders nach Zielgruppen hin ausgerichtete Unterscheidungsformen von Propaganda vorgenommen, die in erster Linie jedoch von tiefer gehendem theoretischen Interesse sind. Im Folgenden sollen nach Ausrichtung und Zielsetzung dieses Buches allerdings ganz konkrete Methoden und Techniken vorgestellt werden.

Die sieben Grundformen von Propaganda

Im Folgenden werden wie in Kapitel 1 ausformuliert die einzelnen, 1937 vom Institute for Propaganda Analysis (IPA) aufgestellten *Seven Propaganda Devices* erklärt, erweitert und ergänzt.

1. Name Calling

giving an idea a bad label is used to make us reject and condemn the idea without examining the evidence.[21]

Der Propagandist nutzt die Macht der Schimpfwörter, mit denen er seinen Gegner überzieht. *Bad words* sind simpelste sprachliche Mittel, um einen Feind abzuwerten, in Verruf zu bringen oder lächerlich zu machen. Durch fortlaufende Wiederholungen der Kraftausdrücke will der Propagandist während seiner Reden, Pressestatements oder über Beiträge auf Social Media seine Zielgruppe so infiltrieren, dass sich die abwertenden Begriffe bei dieser als Synonyme etablieren sollen. Oft benutzt werden Wörter, die jeder kennt und mit denen schon immer etwas Negatives verbunden wurde: »Lügner«, »Feigling«, »Terrorist«, »Nazi«, »Faschist«. Durch ***Etikettieren*** wird einer Bezeichnung eine bestimmte Wertigkeit ***(Labeling)*** verliehen, auch Wortneuschöpfungen ***(Neologismen)*** oder Umdeutungen, die sich als negativ etablieren ***(Dysphemismen)*** zählen dazu: »Gutmensch«, »Wutbürger«, »Querdenker«, »Impfgegner«, »Troll«, »Putinfreund«, »Aluhutträger«, »Klimakiller«, »Covidiot«, »Reichsbürger«. Beliebte *Bad Names*, die zur Entmenschlichung beitragen sollen, sind metaphorisch dem Tierreich entlehnt: »Kanalratte«, »Schoßhündchen«, »Schlafschaf«, »Dreckschwein«. *Name Calling* kann bis zur völligen ***Dämonisierung*** des Gegners führen, der in einer solchen Rolle dann als Einzelperson nicht selten stellvertretend für seine Volksgruppe herhalten soll. Von dieser Methode wird am häufigsten im Kontext von Kriegspropaganda gesprochen.

2. *Glittering Generality*

associating something with a »virtue word« is used to make us accept and approve the thing without examining the evidence.[21]

Die umgekehrte Strategie des *Name Callings* wird in den vom IPA aufgestellten Propagandaformen als *Glittering Generality* bezeichnet. Diese Technik glorifiziert die eigene Seite und unterstreicht mit Worten oder Bildern, was die Zielgruppe der Propaganda automatisiert mit einem positiven Wert assoziieren und unreflektiert generalisieren soll. Verwendet werden vor allem Begriffe, die zeitlos und kulturübergreifend als »glanzvolle Allgemeingültigkeit« verstanden werden: »Freiheit«, »Gerechtigkeit«, »Sicherheit«. Ein Zeitenwandel, wie er infolge des Zweiten Weltkriegs stattgefunden hat, lässt hingegen bis dahin als nobel geltende Werte wie »Treue« oder »Ehre« zumindest regional verblassen. Entsprechende Worte erhalten auf diese Weise ein anderes Label, wenn sie von einem grausamen Diktator missbraucht worden sind: »Ein Volk, ein Reich, ein Führer«. Andererseits kann der Zeitgeist neue Werte, die als glanzvoll gelten sollen, hervorbringen oder im Rahmen gesellschaftspolitischer Ansprüche in den Vordergrund rücken lassen: »Buntheit«, »Toleranz«, »Vielfalt«, »Nachhaltigkeit«. Auch hier entstehen Neologismen wie etwa »Klimarettung« oder »Willkommenskultur«. Allein die Wortneuschöpfungen beziehungsweise positiven Beigaben für den Begriff Krieg sind beachtlich: »Befreiungskrieg«, »Heiliger Krieg«, »Gerechter Krieg«, »Vaterlandskrieg«, »Präventivkrieg«, »Antiterrorkrieg«, »Krieg dem Krieg«.

Parteiübergreifend sollen durch *Glittering Generality* vertrauenerweckende Begriffe wie »Demokratie«, »Rechtsstaat«, »Wissenschaft«, »Medizin«, »Gesundheit«, »Solidarität« die uneingeschränkte Richtigkeit der propagierten Position untermauern, ohne dass der Propagandist dazu überhaupt etwas Substanzielles oder Konkretes vortragen müsste. In der Regel werden *Glittering Generalities* von der Mehrheit einer Bevölkerung als wahrhaftig und gut verstanden: »Wahrheit«, »Glaube«, »Liebe«. Sie eignen sich daher insbesondere gut als ***Kampfbegriffe,*** die auf Werten beruhen, oder zur Etablierung ganzer Erzählungen, die solche transportieren und soziokulturell festigen sollen ***(Narrative)***. Ähnlich wie es beim *Name Calling* die Dämonisierung des Gegners darstellt, wird mittels *Glittering Generality* eine ***Idealisierung*** beziehungsweise ***Heroisierung*** von Personen der eigenen Partei vorangetrieben, die als »Retter«, »Helden«, »Führer« oder »Freiheitskämpfer« inszeniert werden. Daraus kann sich ein wahrer oder initiierter ***Personenkult*** ergeben, der einen politischen Führer, angesehenen Künstler oder wissenschaftlichen Experten, dem uneingeschränktes Vertrauen geschenkt werden soll, zum Genie aufbaut. In der westlichen Welt hat sich in den letzten Jahren mehr und mehr das Kommunizieren »glitzernder Werte« auf das Setzen von Zeichen aller Art verlagert. Meist scheint das allerdings eher dem Zweck des Schmückens der eigenen »glanzvollen Person« zu dienen. Passend zur Umschichtung des gesellschaftlichen Lebens in virtuelle Räume sind es also immer weniger tatsächlich »glänzende Taten«, die auf unseren Werten fußen, dafür umso mehr »gesetzte Zeichen«, die zu Propagandazwecken vor allem von Politikern eingefordert werden, damit sie sich selbst mit diesen dekorieren können.

3. Transfer

carries the authority, sanction, and prestige of something respected and revered over to something else in order to make the latter acceptable.[21]

Der Propagandist nutzt Transfertechnik, um eine enge Verbindung zwischen seiner Anschauung und einer von seinem Publikum vertrauten respektive geschätzten Position oder Einstellung herzustellen. Dies kann über ideellen Transfer geschehen oder über rein optischen, sodass der Propagandist seine Sichtweise gar nicht mehr darstellen muss. Er präsentiert sich in der Öffentlichkeit in Farben oder mit Symbolen, die für seine Zielgruppe einen hohen Stellenwert haben, weil sie sich etwa im Rahmen einer Parteizugehörigkeit, eines gesellschaftlichen Engagements oder eines Glaubens damit identifizieren – oder dies tun sollen: »One Love Binde« (Fußball-WM 2022). Eine moderne Methode innerhalb der Informationsgesellschaft, *Transfer* zu erzeugen, bietet sich über soziale Netzwerke, zum Beispiel bei der Gestaltung von Profilrahmen mit bestimmten Flaggen oder *Slogans*, das Kennzeichnen von gemeinsamen Interessen und Bekannten oder das Einstellen von Fotos, auf denen sich der Propagandist mit Vorbildern seiner Zielgruppe ablichten lässt. Transfertechnik finden wir häufig auch im Rahmen von Parteienwerbung. Ein Politiker zeigt in einem PR-Clip seinen Besuch eines Bergwerks etwa mit Schutzhelm und verschmutzter Arbeitskleidung. Ein anderer fährt Fahrrad statt Auto, wohnt einem Gottesdienst oder einer Gedenkveranstaltung bei, trifft einflussreiche, von der Zielgruppe geschätzte Personen.

4. Testimonials

consists in having a respected or hated person say that a given idea or program or product is good or bad.[21]

Der Propagandist sucht sich eine prominente und für seine Zielgruppe vertrauenerweckende Persönlichkeit, die seine Anschauung und Ideen empfiehlt, sozusagen für seine Sache einsteht. Innerhalb seiner Zuhörerschaft soll der Eindruck entstehen, dass, wenn »Mr. X« auch überzeugt ist, alles ja nur gut und richtig sein könne. Dabei muss die zitierte Autorität keinesfalls selbst der Ideologie folgen, die sie anpreist, oder eigene Opfer dafür erbringen, denn wie Werbung kann sich auch Propaganda Meinung und Reputation prominenter Persönlichkeiten erkaufen. Die Technik der *Testimonials* setzt in den Krisen der jüngeren deutschen Vergangenheit bevorzugt auf Wissenschaftler, um politisch erwünschte Anschauungen und Ideen als besonders glaubwürdig oder richtig erscheinen zu lassen. Mitunter wird »die Wissenschaft« dabei auch personifiziert eingesetzt.

5. Plain Folks

a method by which the speaker attempts to convince his audience that he and his ideas are good because they are »of the people«, the »plain folks«.[21]

Ähnlich wie bei *Transfer* versucht der Propagandist sich dem Publikum durch die *Plain-Folks-Methode* als »einen der Ihren« zu verkaufen, allerdings nicht mittels Symbolik, sondern direkt und nahbar. Er gibt sich in seinen Reden, Interviews und Beiträgen in sozialen Medien verständnisvoll gegenüber Ansprüchen und Hoffnungen seiner Zielgruppe, betont fortwährend, ihre Sorgen seien immer auch seine gewesen und er sehe sich nun in der Lage, Wünsche wahr werden zu lassen und Veränderungen durchzusetzen. Der Propagandist legt es darauf an, das Eis zwischen sich und dem Publikum zu brechen, präsentiert sich auf Veranstaltungen menschlich, niest, hustet, stottert, setzt sich in die Menge, um ein Bier zu trinken, spricht emotional aufgeladen. Dabei richtet er sich immer genau nach der Zielgruppe aus, die er überzeugen will. Redet oder schreibt er zu »einfachem Publikum«, setzt er bewusst sein Sprachvokabular herunter, verwendet einen dem auserwählten Publikum vertrauten Slang, kopiert Gestiken, Mimiken oder Memes, erzählt Witze und Anekdoten, von denen er meint, dass sie ankommen. Er schmeichelt seiner Zielgruppe regelrecht, weist ihnen Intelligenz und Leidenschaft zu, spricht Anerkennung und Dank für ihren Menschenverstand aus und redet ihnen ein, dass ihre Ansichten dem Willen der Mehrheit des Volkes entsprechen. Der Propagandist macht sich auf diese Weise seine Zielgruppe zu Komplizen, bindet sie an sich und kann sie dadurch umso besser kontrollieren und manipulieren und sie bald den eigentlichen Zweck der Unterwanderung spüren lassen.

6. *Card Stacking*

involves the selection and use of facts or falsehoods, illustrations or distractions, and logical or illogical statements in order to give the best and the worst possible case for an idea, program, person, or product.[21]

Card Stacking ist eine simple, aber effektive Methode des ***Cherry Pickings,*** mittels derer ein Propagandist nur die positiven Aspekte und Vorteile seiner Anschauung präsentiert. Negative Blickwinkel oder mögliche Probleme, die sich aus seiner Ideologie beziehungsweise seinem Vorhaben ergeben, werden ausgeklammert, ignoriert oder rhetorisch geschickt umgangen. *Card Stacking* funktioniert auch in die andere Richtung: Es werden dann nur die Nachteile der Anschauung des Gegners aufgeführt, mögliche positive Aspekte ignoriert oder verheimlicht. Der Propagandist bedient sich bei *Card Stacking* stets einer selektiven Darstellung von Information, bietet immer nur passende Statistiken auf, lässt ausschließlich Autoritäten mit gleicher Sichtweise zu Wort kommen oder zitiert nur bestimmte Stellen aus einem Parteiprogramm.

7. *Bandwagon*

everybody – at least all of us – is doing it.[21]

Bandwagon ist das Zugpferd des Propagandisten. Er inszeniert für seine Sache mitunter ein regelrechtes Schauspiel, mietet zum

Beispiel ganze Hallen an, veranstaltet in seinem Namen oder unter vorgeblicher Wohltätigkeit Partys oder Konzerte, lässt gratis Getränke verteilen, ruft vielleicht gar einen neuen Feiertag aus. Verschiedene Redner sollen auf seiner Veranstaltung zu Wort kommen, Musiker unbedingt ein Statement abgeben. Die Menge wird dazu animiert, sich von einfachen Parolen mitreißen zu lassen, ohne länger darüber nachdenken zu müssen, was der eigentliche Zweck des beigewohnten Events ist. Die Menschen glauben, dass alle schon überzeugt sind von der neuen Idee, Bewegung, Maßnahme und von dem, wogegen beziehungsweise wofür sie hüpfen und klatschen.

Im übertragenen Sinne steht die Methode *Bandwagon*, ohne dass der Propagandist tatsächlich eine Veranstaltung organisiert, heute auch allein für das Erzeugen einer Ansicht oder Verhaltensweise, der die Masse enthusiastisch folgt. Politiker maßen sich dabei an, mit der Stimme aller zu sprechen, um so den Eindruck zu verschaffen, als verfolge jeder das gleiche Ziel: »Wir schaffen das!« *Bandwagon* setzt auf die psychologische Erkenntnis, dass Menschen die Tendenz zeigen, sich einer Mehrheit anzuschließen oder andersherum nicht von dieser ausgeschlossen werden wollen. Konkret will der Propagandist häufig gar nicht mehr überzeugen, sondern Mitläufer für seine Sache gewinnen: »Alle sind dafür, sei auch du dabei!« *(argumentum ad populum)*. Der Trugschluss in der *Bandwagon*-Methodik liegt darin, dass die Beliebtheit einer Idee nichts über ihre Richtigkeit oder Rechtfertigung aussagt.

Propagandatechniken der Täuschung

Ad-hominem-Angriff (Against the Man)

Ad hominem ist eine rhetorische Ablenkungstaktik durch Scheinargumentation ***(Red Herring)*,** die oft als Ultima Ratio zum Einsatz kommt. Der Propagandist versucht, seinem Gegenüber, ohne argumentativ auf ihn eingehen zu müssen, die Glaubwürdigkeit oder Kompetenz durch Diskreditierung oder Beleidigung abzusprechen. Die aus dem Lateinischen übersetzte »Beweisrede gegen einen Menschen« geht nicht sachlich auf die Argumente des Gegners ein, sondern greift ihn persönlich an und wird daher auch unter der Bezeichnung *ad personam* verwendet. Ob die Herabwürdigung gerechtfertigt ist, weil sich die attackierte Person/ Gruppe tatsächlich etwas zuschulden kommen ließ, ist dabei nebensächlich. Der Zweck dieser Technik ist es, vom eigentlichen Thema abzulenken, den Gegner zu überrumpeln und beim Publikum einen Trugschluss zu erzeugen. Ein spezielles *Ad-hominem-Argument* ist das Ballzuspielen durch ***Tu-quoque-Angriff,*** bei dem der Propagandist seinem Gegner unvermittelt vorwirft, sich Propagandatechniken und unlauterer Mittel zu bedienen, sodass dieser sich gezwungen fühlt, sofort in die Verteidigungshaltung überzugehen. Genau dadurch aber riskiert er, ins offene Messer zu laufen: »Wer sich verteidigt, klagt sich an.« (Maximilien de Robespierre)

Agenda-Setting

Die Redaktionen der Massenmedien sind *Agenda-Setter* und entscheiden über Themenwahl und Schwerpunktsetzung von vermittelten Informationen (vgl. *Card Stacking).* Sie beeinflussen damit maßgeblich die öffentliche Wahrnehmung von Nachrichten und Meinung zu gesellschaftlichen Problemen. Wird über bestimmte Themen häufiger berichtet als über andere, erscheinen diese dem Publikum psychologisch gesehen als wichtiger. Fragestellungen, die es nicht oder nur unregelmäßig in die Medien schaffen, werden dadurch automatisch als weniger relevant betrachtet und haben folglich deutlich schlechtere Chancen darauf, politisch gehört zu werden. Problematisch wird demnach *Agenda-Setting,* wenn Medien unabhängig vom Interesse ihres Publikums ihre Position ausnutzen, um bestimmte Themen als bedeutender oder unbedeutender erscheinen zu lassen. Besondere Verantwortung kommt dabei in demokratischen Staaten Leitmedien zu, die sich dazu verpflichtet haben, ihre Berichterstattung am Interesse der Bevölkerung auszurichten. *Agenda-Setting* wird häufig flankiert durch die einseitige Auswahl von Experten, die in Magazinen zu Wort kommen dürfen, sowie durch Unausgewogenheit in der Zusammensetzung von Gästen in Talkshows. In Livesendungen nimmt sich die Regie häufig die zusätzliche Möglichkeit, die Gesprächsführung des Moderators vom Publikum unbemerkt über ein Ohrmikrofon zu beeinflussen, sodass sie auch während der Aufzeichnung Redezeiten und -inhalte der Gäste kontrollieren können.

Appelle: schnelle Trugschlüsse

Eine universelle propagandistische Technik der Täuschung besteht im Erzeugen von Trugschlüssen durch rationale, emotionale oder moralische Fingerzeige. Der Propagandist spekuliert darauf, dass seine Verweise als so wichtig oder selbstverständlich verstanden werden, dass seine Zielgruppe ihnen unhinterfragt folgt. In der Psychologie und Rhetorik werden solche Methoden als *Appelle* bezeichnet und in lateinischer Schreibweise meist mit einem *»argumentum ad …«* oder lediglich *»ad …«* eingeleitet. Auch andere in dieser Auflistung vorgestellte Täuschungsmethoden zielen darauf ab, Trugschlüsse zu erzeugen. Die hier folgenden sind die gängigsten unter den »klassischen Appellen«, die zur unmittelbaren Suggestion angewendet werden können. Neben einer knappen Erläuterung folgt zu Anschauungszwecken jeweils ein Beispiel aus dem Politikgeschehen der derzeitigen oder vormaligen Regierung, das so oder ähnlich des Öfteren geäußert worden ist.

Ad absurdum (Appell an die Sinnlosigkeit) versucht alternative Problemlösungen als völlig nutzlos darzustellen: »Ohne unsere

Fakten-Checker werden die Menschen nur noch Hass und Hetze verbreiten!«

Ad antiquitatem (Appell an Traditionen) behauptet, dass Dinge, die über eine lange Zeit Gültigkeit hatten, immer noch richtig sind: »Sprachwandel hat es immer schon gegeben, deswegen können wir jetzt die Sprache verändern!«

Ad ignorantiam (Appell an die Unwissenheit) setzt auf eine Beweislastumkehr und behauptet, dass etwas wahr ist, wenn es vom Gegner (noch) nicht widerlegt werden kann: »Die Impfungen sind nebenwirkungsfrei!«

Ad metum (Appell an die Angst) greift die Ängste des Publikums auf und warnt vor Konsequenzen, wenn der *Appell* nicht befolgt werden sollte: »Die Todeszahlen der neuen Virus-Mutante sind so hoch, als würde jeden Tag ein Flugzeug abstürzen!«

Ad misericordiam (Appell an den Altruismus) will das Publikum in die Pflicht nehmen, sich entweder um das Wohlsein der Allgemeinheit zu kümmern oder solidarisch und hilfsbereit mit schutzbedürftigen Personen zu sein. Der Verweis soll von anderen Problemen ablenken, die stattdessen nicht gelöst werden können oder sollen: »Wir dürfen ausländische Straftäter nicht abschieben, denn in ihren Heimatländern sind sie nicht sicher!«

Ad novitatem (Appell an das Neue) verspricht, dass die Wahl des neuen Weges immer die richtige ist: »Wir brauchen mehr Windkraftanlagen, um überhaupt eine Zukunft zu haben!«

Ad necessitatem (Appell an die Alternativlosigkeit) behauptet, eine politische Maßnahme sei in jedem Fall alternativlos, und versucht, durch eine leere Phrase die Diskussion um eine gesellschaftliche Fragestellung zu unterbinden: »Besser gar nicht regieren als falsch regieren!« Im englischen Sprachraum wird diese Technik auch als TINA *(there is no alternative)* beschrieben.

Ad numerum (Appell an die Masse) behauptet, dass eine Sichtweise von der Mehrheit geteilt wird und deswegen Berücksichtigung finden sollte: »Wir sind zwar nicht stärkste Partei, aber wenn wir uns mit zwei anderen zusammentun, haben wir die Mehrheit und so einen klaren Wählerauftrag!«

Ad populum (Appell an das Volk) zielt darauf ab, der Masse des Volkes zu suggerieren, man habe ein einziges, gemeinsames Ziel zu erstreiten: »Jeder Einzelne muss sich impfen lassen, um die Freiheit aller wiederherzustellen.« (Vgl. *Bandwagon).*

Ad verecundiam (Appell an die Autorität) verweist auf eine Autorität, die für das Publikum einsteht und von ihm in gemeinsamer Sache unterstützt werden muss. »Das RKI erwartet im Frühjahr eine neue Welle, daher müssen wir die vorgeschlagenen Maßnahmen umsetzen!« (vgl. *Testimonials).*

Ad temperantiam (Appell an die Mäßigung) ruft zu einer gemäßigten und friedliebenden Position auf: »Wir werden nur Abwehrwaffen ins Kriegsgebiet liefern und nur so lange wie unbedingt nötig!«

Anekdotische Evidenz

Der Propagandist nutzt eine individuelle, oftmals emotional aufgeladene Geschichte, um daraus eine Allgemeingültigkeit abzuleiten. Die Taktik fußt auf der psychologischen Erkenntnis, dass Menschen persönlichen Erlebnissen (Augenzeugenberichten) oft mehr Glauben schenken als empirischen Studien. Beim Einsatz *anekdotischer Evidenz* handelt es sich aber keinesfalls generell um eine Täuschungsmethode, denn für Wissenschaften wie insbesondere die Medizin sind derart informelle Einzelfallberichte durchaus wichtig. Allerdings geht es dem Propagandisten jedoch wie immer nur um den Zweck, nicht um tatsächliche Evidenz: »Allein in den letzten zwei Wochen sind schon fünf meiner Bekannten plötzlich und unerwartet an der neuen Seuche verstorben.«

Ästhetisierung

Die mediale Ästhetisierung von Bildern ist eine Propagandamethode, mit der versucht wird, Geschehnisse positiver dastehen zu lassen, als sie tatsächlich sind, beziehungsweise sollen Ereignisse beschönigt werden. So können in einer Reportage bewusst zu diesem Zweck ausgewählte Kameraperspektiven und andere technische Mittel wie Licht, Farben, Musik oder Stimme des Kommentators dazu eingesetzt werden, beispielsweise die grausame Realität eines Krieges in einen glorreichen Feldzug zu verwandeln.

Astroturfing

Als *Astroturfing* bezeichnet man den Aufbau und die Finanzierung einer Tarnbewegung aus propagandistischen Gründen. Um ihre eigenen Interessen durchzusetzen, installieren Lobbyisten, oftmals mit erheblichen finanziellen Mitteln, eine vermeintliche Aktivistengruppe und täuschen vor, dass diese sich als sogenannte ***Graswurzelbewegung***, die aus der Basis der Bevölkerung heraus entstanden sei, zusammengefunden habe, um für noble und humanitäre Ziele zu kämpfen. In Wirklichkeit stecken dahinter knallharte kommerzielle Interessen. Diese bleiben den zumeist jugendlichen Aktivisten, die in ihrer Leidenschaft, für etwas zu streiten, ausgenutzt werden, in der Regel verborgen. Mittels *Astroturfing* soll die Gesellschaft bewusst getäuscht werden, während die Finanziers von der Glaubwürdigkeit profitieren, die der Anschein einer Bürgerbewegung mit sich bringt. Damit einher geht oftmals eine von Lobbyisten gesteuerte Manipulation des medialen Agenda-Settings. Durch Überrepräsentation einer vermeintlich neuen Protestgruppe etwa soll diese größer erscheinen, als sie in Wahrheit ist. Wer genau darauf achtet, erkennt mitunter, dass sich besonders innerhalb von Splittergruppen an verschiedenen Orten immer wieder dieselben Akteure zu Protesten und Demonstrationen zusammenfinden oder auch dass bestimmte Köpfe unter den Aktivisten anscheinend von einer neuen Bewegung zur anderen springen. Da sich bei gründlicher journalistischer Recherche die Finanziers dieser Tarnbewegungen kaum verheimlichen lassen, werden auch diese stets nur ehrenwerte Ziele angeben, die sie mit der vermeintlichen Bürgerbewegung teilen, und nicht etwa den Profit, den sie daraus zu schlagen versuchen.

Brunnenvergiftung (Poisoning the Well)

Die Taktik des *Brunnenvergiftens* basiert darauf, eine meist historisch gewachsene, abstrakte Quelle herabzuwürdigen, die als vergiftet angenommen werden soll. Oft reicht hierfür die eingängige Zuweisung durch ein einzelnes negatives Adjektiv aus. Aussagen von politischen Gegnern werden etwa schlicht als »rechtsextrem«, »antisemitisch«, »geschichtsvergessen«, »reaktionär« oder »mittelalterlich« bezeichnet, um eine weitere Beschäftigung damit im Keim ersticken zu können.

Dammbruchargument (Slippery Slope Argument)

Mit einem *Dammbruchargument* will der Propagandist aus einer mit kleinstem Risiko getroffenen Entscheidung einen hypothetischen Extremfall kreieren, vor dem jeder Angst haben sollte. Er propagiert, dass ein falscher Entschluss eine Kettenreaktion auslöse, innerhalb der sich unaufhaltbar ein katastrophales Ereignis einem Dominoeffekt gleich an das andere reihe. Mittels dieser überzogenen Suggestion versucht die Propaganda, die weitere politische Unterstützung in eine bestimmte Richtung zu unterbinden und eine Kehrtwende herbeizuführen: »Wer Helme an die Ukraine liefert, nimmt am Ende einen Weltkrieg in Kauf.«

Embedded Journalism

Embedded Journalism – als Propagandamethode verstanden – bezeichnet einen jungen Begriff, der für das Einbetten von Journalisten nicht beteiligter Staaten in ein Kriegsgeschehen zwecks Berichterstattung geprägt worden ist. Dem geht der Umstand voraus, dass Journalisten ähnlich wie humanitäre Organisationen militärisch geschützt werden müssen, um ihren Aufgaben im Kriegsgebiet überhaupt nachgehen zu können. Da *Embedded Journalism* auf Einseitigkeit beruht, ist eine unabhängige Berichterstattung für internationale Journalisten allerdings so gut wie unmöglich. In Kriegszeiten haben weder Leitmedien noch alternative Medien die Möglichkeit zur neutralen Recherche in Ländern, die sich im Kriegszustand miteinander befinden. Sie müssen darauf setzen, was ihnen die Propaganda der beteiligten Staaten liefert, und sich immer wieder bewusst machen – und entsprechend redaktionell einordnen und vermitteln –, dass sie nicht von einer Seite Lügen serviert bekommen und von der anderen Wahrheiten. Inzwischen nutzen alle Armeen kriegführender Länder oder involvierte Rebellengruppen *Embedded Journalism* als Manipulationsmethode. Die akkreditierten Journalisten erhalten nur die Erlaubnis, Ereignisse zu porträtieren, die der Propaganda der eigenen Seite dienlich sind. Dem Zuschauer, Bildbetrachter oder Leser von solcher Art entstandener Reportagen muss bewusst sein, dass die Information, die er aus einem Kriegsgebiet erhält, sei es von den Pressestellen der Militärs selbst oder von einem eingebetteten Journalisten, eine gefilterte ist. Die einzige Möglichkeit, dem redaktionell entgegenzuwirken, ist es, Propaganda zu kennzeichnen und die Erkenntnisse von *Embedded Groups* gegnerischer Seiten gegenüberzustellen. Selbst wenn sich der Kriegsberichterstatter persönlich fest vornimmt, unabhängig zu berichten, geht man psychologisch davon aus, dass dies nicht mehr realisierbar ist, weil der Reporter sich in der Extremsituation, in der er sich befindet, mit der Seite, die ihn schützt und versorgt und deren Leid er direkt miterleben kann, emotional verbunden fühlt.

Emotionalisierung

Nachrichten aller Art sind in hohem Maße Emotionalisierungsprozessen des Publikums ausgesetzt. Dieser Umstand wird deutlich in sozialen Netzwerken sichtbar und kann zu Propagandazwecken missbraucht werden. User haben nahezu überall die Möglichkeit, bestimmte News zu liken oder zu disliken, mit Emoticons darauf zu reagieren oder ihre gefühlte und empfundene Meinung als Kommentar darunter abzugeben. Was ursprünglich der Meinungsbildung und politischen Teilhabe förderlich sein sollte, kann bewusst von Medien und Politikern zum Zwecke der Täuschung eingesetzt werden. So können Redaktionen selbst bei völlig neutral gestalteten Nachrichtenbeiträgen den Umstand nutzen, dass sie quasi vorhersagen können, wie User auf einen Beitrag reagieren werden, und ihn so ganz anders wirken lassen. Besonders für Manipulation durch *Emotionalisierung* geeignet ist die Bildpropaganda. Jedem Medienschaffenden ist bewusst, dass etwa Fotos von leidenden Kindern ***(Save the Children Fallacy)*** oder Tieren nahezu immer den gewünschten Effekt des Mitleides erwecken, mit dem sich politische Entscheidungen maßgeblich beeinflussen lassen. Auch besteht bei der Nutzung von *Emotionalisierung* in sozialen Netzwerken theoretisch die Gefahr der Zensur, indem der Beitragsersteller Kommentare unter einer Nachricht, die in eine unerwünschte Richtung gehen, aus vermeintlich wohlwollenden Gründen löscht.

Fake News und Fake Accounts

Fake News sind neben dem Ausklammern, Beschönigen oder Geraderücken von Informationen Mittel der Desinformation, und zwar solche, die bewusst zur Lüge greifen. Grundlegende Kennzeichen für *Fake News* sind, dass sie in der Regel einen journalistischen Beitrag nachahmen oder sogar die Quelle fälschen und sie einem tatsächlichen oder fiktiven Medium unterjubeln. Oftmals beschreiben sie frei erfundene Skandale beziehungsweise Sensationen und kreieren Sündenböcke, die dafür verantwortlich sein sollen. Die Propagandamethode *Fake News,* die insbesondere häufig in sozialen Medien und hier während Wahlkampfphasen angewendet wird, setzt dabei speziell auf das schnelle Verbreiten der Falschnachricht, damit diese, noch bevor sie entlarvt werden kann, den größtmöglichen Schaden anrichtet und dadurch in der Lage ist, etwa unmittelbar Wahlen oder Abstimmungen zu manipulieren. Die Taktik des raschen Verbreitens von *Fake News* über möglichst viele Kanäle mit dem Ziel maximaler Täuschung wird als ***Firehose of Falsehood*** bezeichnet. Unter Falschnachrichten fällt auch die bewusste Manipulation von ***Zahlen oder Statistiken***, die noch weniger aufzufallen droht als komplexere Informationsinhalte. Propagandisten erstellen in sozialen Medien auch *Fake-Accounts*, um eine – meist vertrauenswürdige Identität – vorzutäuschen und somit glaubhafter Propaganda betreiben zu können. Das Fake-Profil streut dann gezielt *Fake News.* Ist es systematisch geschaffen worden, um Diskussionen zu kapern und auf gewünschte Propageme zu lenken, spricht man von einem ***Troll-Account*** *(Internet-Troll).* Steckt hingegen gar kein tatsächlicher Mensch mehr hinter einem Fake-Profil, sondern generiert ein Programm automatisch Kommentare, Likes oder News, bezeichnet man den Account als ***BOT*** (von engl. *Robot).* Ist die Software sogar in der Lage, zwecks Täuschung vielschichtiges menschliches Verhalten zu simulieren, oder steckt gar eine künstliche Intelligenz (KI) hinter dem Täuschungsversuch, spricht man von einem ***Deep Fake.***

Falsche Äquivalenz und fehlerhafte Analogie

Mithilfe der Verwendung *falscher Äquivalenz* versucht der Propagandist, argumentativ zu beweisen, dass zwei Dinge gleich sind, wenn sie nur kategorische oder anekdotische Ähnlichkeiten aufweisen: »Wenn man Cannabis legalisiert, kann man auch gleich Heroin verteilen.« Der logische Denkfehler besteht hier in der Annahme, dass beide Substanzen, weil es sich um Drogen handelt, gleichermaßen gefährlich sein müssten. Ähnlich falsch wäre zum Beispiel die Auffassung, dass der Politikstil eines berüchtigten Diktators dem eines demokratischen Ministers gleiche, einzig aus dem Grund abgeleitet, dass beide kein Fleisch essen.

Während die *falsche Äquivalenz* darauf abzielt, zu zeigen, dass etwas gleich ist, soll das Erzeugen einer fehlerhaften Analogie eine Ähnlichkeit zwischen zwei Ereignissen oder Sachverhalten herstellen, die inhaltlich nicht vergleichbar sind, um so eine Diskussion über ein wichtiges Thema zu beenden. Beschreibt ein Medienwissenschaftler etwa eine Propagandamethode und führt zur Veranschaulichung an, dass ein aktuell beliebter deutscher Politiker sich der gleichen Technik bedient, wie sie einst auch von Joseph Goebbels angewandt wurde, kann ihm der Propagandist durch *Tu-quoque-Angriff* vorwerfen, den Reichspropagandaminister und seine Ideologie zu verharmlosen, indem dieser eine Ähnlichkeit zu einem modernen Politiker aufzeigen wolle. Hätte er dieses im Sinn, würde der Medienwissenschaftler propagieren. Der Trugschluss des tatsächlichen Propagandisten soll aber darauf abzielen, dass das Publikum annimmt, Methode sei gleich Inhalt und der Medienwissenschaftler habe nicht die Beschreibung der Propagandamethodik im Sinn, sondern wolle eine *falsche Äquivalenz* zwischen zwei Personen erzeugen, um die noch lebende von ihnen zu diskreditieren.

Falsche Dringlichkeit

Propagandisten täuschen zur Durchsetzung ihrer Interessen vor allem in Krisenzeiten *falsche Dringlichkeit* vor. Durch das Herbeireden einer angeblich immer schneller nahenden Katastrophe können sie Stimmenfang betreiben oder im Verbund mit Lobbyisten Güter verkaufen, mit denen die Apokalypse gerade noch so aufzuhalten sein soll. Dabei kann das Publikum tatsächlich von dem drohenden Weltuntergangsszenario überzeugt sein oder Propagandisten die falsche Dringlichkeit als willkommenen Aufhänger dafür annehmen, um über die Verwendung des empfohlenen Produktes das Image der eigenen Person oder des Unternehmens aufzubessern (z. B. ***Greenwashing***, ***Bluewashing***).

Fragmentierung

Der Propagandist reißt ein Fragment aus dem Zusammenhang und versucht, es isoliert zu deuten und anderswo einzureihen, sodass dem Publikum alle Möglichkeiten genommen werden, nötige Verbindungslinien zu erkennen. Eine technische Propagandafragmentierung erkennt man häufig in geschnittenen Videos, wenn beispielsweise eine Vorgeschichte, die zu einer Szene geführt hat, nicht veranschaulicht wird, obwohl der Zuschauer sie braucht, um die Handlung, die ihm gezeigt wird, deuten zu können. Klassischerweise untertitelt der Protagonist den herausgelösten Videoausschnitt mit einer Behauptung, die auf anderen oder radikaleren Kontext schließen lassen soll. So kann beispielsweise eine wenige Sekunden andauernde Szene während einer Demonstration, in der ein einzelner Mann fluchend hinter einem anderen herrennt, zu einer Hetzjagd auf eine ganze Volksgruppe umstilisiert werden, die dem Verfolgten im Video optisch ähnelt, und damit große gesellschaftliche Bestürzung mit weitreichenden politischen Folgen hervorrufen. Besonders beliebt sind Videofragmente, die auf übertriebene Polizeigewalt schließen lassen sollen. Die Gefahr, dass ein tatsächliches auf Video dokumentiertes Ereignis von Staatsgewalt mit tödlichem Ausgang, wie es in den USA vermehrt gegenüber bestimmten Ethnien immer wieder vorkommt, nicht mehr als solches ernst genommen wird, ist groß. Wenn hunderte Propagandavideos von Beamten im Internet kursieren, die angeblich harmlose Bürger foltern, obwohl sie nur einen Straftäter grob anfassen, um sich und andere zu schützen, können tatsächliche Diskriminierungen immer schlechter als solche identifiziert werden.

Auch Fotos werden mittels Fragmentierung missbraucht, wenn sie etwa so beschnitten werden, dass der Teil, den man zu Propagandazwecken zeigt, einen völlig anderen Eindruck eines Geschehens vermittelt, als es das unbeschnittene Originalbild tun würde.

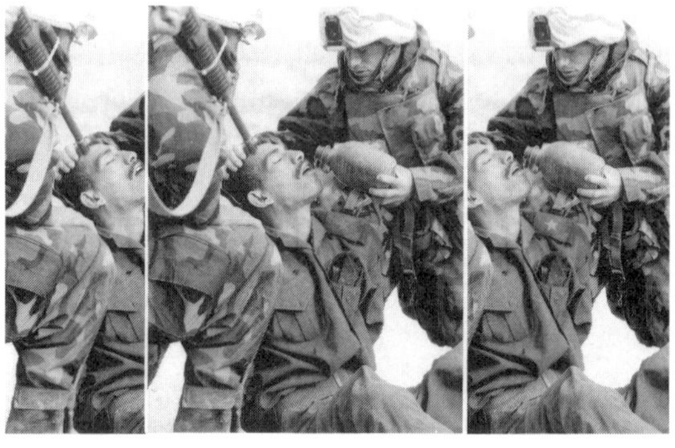

Das Originalfoto zeigt einen irakischen Soldaten umgeben von amerikanischen Soldaten im Irak-Krieg 2003. Je nach Bildausschnitt lassen sich damit verschiedene Eindrücke vermitteln.

Beispielsweise kann für das Bild eines Politikers, der weniger Geringschätzung erfahren soll, kontinuierlich ein unsympathisches oder unvorteilhaftes Motiv verwendet werden; für den, der geschätzt werden soll, wird eine schmeichelnde Aufnahme herhalten. In der heißen Phase zur Bundestagswahl 2021 ließ eine deutsche Partei, die sich neben Umweltbewusstsein auf die Fahnen geschrieben hat, ganz besonders für Gleichberechtigung und Frauenpower einzustehen, über Twitter ein Foto verbreiten, das die Spitzenkandidatin mit vier anderen Politikerinnen dieser Partei zeigte. Die Intention des Bildes sollte dabei die Kritik an einer Konkurrenzpartei sein, die sich angeblich immer nur mit »alten Männern« zeige. Dass es sich bei dem Frauenbild um eine Fragmentierung handelte, flog nur auf, weil sich Mitglieder der eigenen Partei öffentlich darüber beschwerten, dass auf dem Foto kein einziger Parteivertreter mit Migrationshintergrund zu sehen sei. Kurzerhand präsentierte man dann von Parteiseite das ungeschnittene Foto, auf dem mindestens drei Personen mit Migrationshintergrund zu sehen waren. Es handelte sich allesamt um Männer, die zuvor keinen Platz auf dem Bild bekamen. Somit flog neben der Propaganda auch eine gewisse Heuchelei auf.

Eine häufige Propagandafragmentierung zur politischen Instrumentalisierung ist auch, das Zitat einer prominenten Person aus seinem Kontext herauszureißen. Jemandem kann auf diese Weise eine nebenher getätigte oder lapidare Aussage als vermeintliche Lebensphilosophie untergejubelt werden. Das winzigste Fragment des beiläufigen Grinsens eines Politikers zur falschen Zeit am falschen Ort kann – propagandistisch ausgeschlachtet – sogar sein Karriereende bedeuten.

Framing

Framing im propagandistischen Sinne bezeichnet die mediale oder politische Einordnung eines Ereignisses in einen vom Propagandisten gewünschten Rahmen. Indem dem Publikum nahegelegt wird, wie es eine Nachricht zu deuten habe, soll ihm die Chance genommen werden, eine eigene Analyse durchzuführen und sich selbst eine Meinung zum Thema zu bilden. Einem Sachverhalt wird durch eine geschickte Formulierung eine Interpretation vorangestellt, möglichst ohne dass das Publikum dies selbst bemerkt: »Wir führen einen gerechten Krieg.« Geeignet für die Methodik sind vor allem Bilder, die unterschiedlich interpretiert werden könnten, bei denen der Propagandist aber die vermeintlich einzig richtige Sichtweise vorgibt: »Dieses Glas ist halb leer.«

Gaslighting

Gaslighting ist eine Form von Gehirnwäsche über einen längeren Zeitraum, die darauf abzielt, dass das Opfer an seinem eigenen Urteil, seiner Wahrnehmung und seinem Realitätssinn zweifelt, indem man ihm vormacht, es sei psychisch krank und rede sich Dinge nur ein. Der Täter, häufig ein Narzisst, stiftet Verwirrung, schürt Ängste und Zweifel mit dem Ziel, dass sein Opfer sein Lebensbild und seine Überzeugungen infrage stellt und er es letztendlich dahin bringen könne, Dinge für ihn zu tun, die es eigentlich ablehnt. *Gaslighting* kann auch von Regierungspolitikern und Medien ausgehen, die bereit sind, dem Volk einen längerfristigen psychischen Schaden zuzufügen, und es so zwingen können, Handlungen zu vollbringen, von denen es persönlich nie überzeugt war. Eine spezielle Taktik besteht zum Beispiel darin, Kritikern der Regierung einzureden, sie seien auf Verschwörungstheorien hereingefallen und würden eigentlich von anderer Seite getäuscht. Besonders gefährlich wird die Manipulationsmethode, wenn Medien und Politik versuchen, ein allgemeingültiges Narrativ aufzubauen, das durch ausgewiesene Faktenfinder gestützt wird, die sie selbst installiert haben.

Gebot der besonderen Rücksichtnahme

Propagandisten erklären erwartbar kontroverse Beschlüsse zu Täuschungszwecken oft mit der besonderen Rücksichtnahme für vulnerable Gruppen, die sie dabei angeblich im Sinn haben. Mit dem Verweis auf eine mögliche Diskriminierung von Minderheiten bei anderweitigem Entschluss appellieren sie an die Solidarität und möchten kritische Stimmen unterdrücken. Ist der Zweck der Autorität ein ganz anderer, will sie damit nur die eigene Unfähigkeit, Probleme zu lösen, kaschieren oder stößt die Kritik an der Entscheidung auf großes öffentliches Interesse, handelt es sich bei dieser Methodik um den Versuch der moralischen Erpressung.

Geschichtsrevisionismus

Mithilfe von *Geschichtsrevisionismus* versucht der Propagandist, ein wissenschaftlich erforschtes und gesellschaftlich anerkanntes Geschichtsbild zu revidieren, um zum Beispiel politische Ideen der Vergangenheit wieder salonfähig zu machen. Dazu bedient er sich verschiedener Techniken der Geschichtsfälschung. Mit der Propagandataktik *Revisionismus* kann er aber auch versuchen, allgemein Unfrieden zu stiften und Gruppen gegeneinander aufzuhetzen. Bedeutende geschichtliche Geschehnisse – gerade Tragödien – gelten als prägende oder sogar identitätsstiftende Aspekte der Erinnerungskultur eines Landes. Die wahren Hintergründe solcher Ereignisse zu leugnen beziehungsweise sie infrage zu stellen kann die Nachfahren von Opfern verletzen und sogar Zwietracht zwischen einst verfeindeten Ländern erneut anfachen. Machthaber können Geschichtsrevisionismus auch einfach nutzen, um sich der Kritiker oder Gegner zu entledigen. In Deutschland haben sich nach Ende des Zweiten Weltkriegs besonders Rechtsextremisten auffällig revisionistisch betätigt. Seit 1985 steht daher die Leugnung des Holocausts unter Strafe.

Goldene-Mitte-Taktik (Golden Mean)

Die Annahme, dass die Wahrheit zwischen zwei extremen, kontroversen Sichtweisen irgendwo in der Mitte liegt, ist philosophisch nachvollziehbar. Für die Durchsetzung politischer Interessen jedoch darf diese Gleichung nicht gelten, denn zwischen Wahrheit und Lüge gibt es keinen Kompromiss. Die Erkenntnis aber, dass auch eine ***Halbwahrheit*** eine Lüge ist, wird von Propagandisten zur Realisation ihrer Anstrengungen ignoriert.

Grenzen des Sagbaren setzen (Overton Window)

Das *Overton-Fenster* ist ein politisches Analyse-Tool, mit dessen Hilfe ein Korridor der öffentlichen Meinungen eines Staatsgebildes abgebildet werden soll. Alle Ideen und Anschauungen, die innerhalb des abgesteckten Fensterrahmens liegen, gelten als partizipativ und damit »sagbar«, weil sie nach Erhebungen die Mehrheitsmeinung kennzeichnen sollen. Politische Positionen außerhalb des Rahmens werden als extrem definiert und sollen keine Berücksichtigung im demokratischen Konsens finden. Parteien, deren Programme sich an den Rändern des Korridors verorten lassen, oder solche, die sich außerhalb befinden, versuchen in ihrer Propaganda am laufenden Band auszuloten, ob sie das *Overton-Fenster* dahingehend erweitern können, dass radikalere Meinungen akzeptiert würden. Das funktioniert zum Beispiel dadurch, dass eine noch fundamentalere Position eingenommen wird, die wiederum die moderatere annehmbarer erscheinen lässt. Das *Overton-Fenster* ist also immer schon und kontinuierlich der Gefahr einer Verschiebung hin zu den Extremen ausgesetzt.

Auf der anderen Seite besteht ebenso das Risiko, dass der Meinungskorridor eingeengt wird, wenn die jeweils an der Macht stehende Regierung diesen so mittig wie möglich auszurichten versucht. Da sich die Mehrheit der Bürger politisch in der Mitte verortet wissen will, besteht die Gefahr, dass Regierungspolitiker oder regierungsnahe Medien in ihrem Interesse danach trachten, die öffentliche Meinung in ihre Richtung zu lenken. Da allerdings gerade in Krisenzeiten Betrachtungsweisen weit auseinanderdriften, verschiebt sich auch das Meinungsspektrum im Volk dementsprechend. Ein daraus resultierendes Ungleichgewicht kann dazu führen, dass Bürger sich nicht mehr trauen, öffentlich eine völlig legitime Meinung zu vertreten, selbst wenn sie innerhalb des Korridors liegt. Einzig aus Sorge dahingehend, dass sie zu stark von der Regierungsmeinung oder veröffentlichten Meinung abweicht, was in hohem Maße demokratieschädlich ist. Das Spektrum konservativer Positionen ist dabei in den letzten Jahren besonders bedroht, weil – erklärbar mit der Geschichte dieses Landes – die Angst, in der Öffentlichkeit als »rechts« zu gelten, massiv hemmt. Da das *Overton-Fenster* vor allem auf innenpolitische Themen konzentriert ist, erzeugen in Zeiten extremer Zuwanderung Debatten um Migration und Integration Kontroversen. Die Begrenzung von Immigration zu fordern, die in vielerlei Hinsicht auch negative Aspekte mit sich bringt, ist eine legitime demokratische Meinung und per se keine extreme Position. Die konkurrierende politisch linke Seite unterstellt allerdings häufig lauthals, gegen mehr Migration zu sein, sei rassistisch. Wenn Regierungspolitiker der Mitte hier nicht intervenieren und diese Vorwürfe entkräften, weil es ihnen gelegen kommt, zum Beispiel da ihnen Lösungen in der Migrationskrise nicht einfallen oder sie über eigene Fehler hinwegtäuschen wollen, dann handelt es sich um Propaganda.

Hypnotisches Ködern (Hypnotic Bait and Switch)

Der Propagandist trägt ein Fallbeispiel nach dem anderen vor, das bedenkenlos vom Publikum abgenickt wird, weil es von ihm jeweils eindeutig als wahrhaftig und richtig empfunden wird, um am Ende oder geschickt zwischendurch eines einzustreuen, das propagandistischer Natur ist. Er spekuliert darauf, dass sich sein Fallbeispiel als suggerierte Richtigkeit beim Publikum, das mittlerweile in einen Zustimmungsmodus versetzt ist, unterbewusst in die Reihe der akzeptierten Wahrheiten einreiht. *Hypnotisches Ködern* ist eine Technik der Massenhypnose und wird auch im Rahmen des Neuro-Linguistischen Programmierens (NLP) angewendet.

Infantilisierung und Paternalisierung

Stehen kontroverse Entscheidungen an, verfallen Politiker und Medienschaffende bei Erklärungen an die Gesellschaft nicht selten in einen kindlichen Tonfall: »Wer hat sich seinen kleinen Piks schon geholt?« *(Infantilisierung).* Dahinter kann ein falsches Überlegenheitsgefühl stecken, aber auch die manipulative Absicht, ein Gefühl der Unsicherheit und Unmündigkeit in der Bevölkerung zu erzeugen und sich selbst als Schutzbefohlene zu verkaufen, die sich um das Volk kümmern müssten, da es allein dazu nicht in der Lage wäre *(Paternalisierung).* Über diese psychologisch ausgerichteten Techniken erwarten Propagandisten eine zügigere Akzeptanz ihrer für die Allgemeinheit getroffenen Entscheidungen.

Kognitive Dissonanz

Menschen neigen dazu, ein einfaches Weltbild anzunehmen, das ihnen Halt vermitteln kann. Sie wollen sich nicht immer neu entscheiden und greifen daher zu vorgefertigten Meinungen, die ihnen erklären, wo sie zu stehen haben – mit denen sie sich also identifizieren können. Ihr Identifikationsbedürfnis finden Menschen maßgeblich innerhalb von Gruppen, denen sie sich zu diesem Zweck zuordnen. Indem sie die jeweiligen Gruppenregeln befolgen beziehungsweise die vorherrschende Meinung in ihrer Gemeinschaft vertreten, brauchen sie nicht mehr notgedrungen selbst nachzudenken und erfahren gleichzeitig das Gefühl von Harmonie und Konsistenz. Propagandisten, die bevorzugt als Gruppenführer auftreten, erleichtern dem Einzelnen Entscheidungen, indem sie Gruppengedanken formen; dabei hilft ihnen das Streuen von *kognitiver Dissonanz* – einer Methode zur Verwirrung, die dadurch entsteht, dass zwei Dinge logisch nicht zueinander passen wollen. Der Propagandist, der Kontrolle über eine Gruppe begehrt, lotet aus, welche Sachverhalte von ihr geschätzt und abgelehnt werden, und stellt durch gesetzte Querverbindungen ein Ungleichgewicht her, das die Gruppe in ihrem Streben nach Zusammenhalt sofort auszugleichen versucht. Weil zum Beispiel eine historische oder aktuell prominente Person, mit der sich Gruppe A bisher identifiziert hat, nach erfolgreicher Propagandaarbeit eine vermeintlich positive Verbindung zu Gruppe B ziehen lässt, die als Fremdgruppe gehasst wird, verabschiedet sich Gruppe A von ihrem Vorbild und beginnt, es abzulehnen. Durch Wiederholung der Prozesse in die eine oder andere Richtung kann beispielsweise ein Propagandist, der Ansprüche auf beide Gruppen geltend machen will, diese beliebig weit zusammenführen oder abgrenzen, sodass die Masse schließlich seiner Ideologie folgt. Wenn es ihm als Gruppenführer gelingt, durch das Erzeugen von *kognitiver Dissonanz* konsequent Verwirrung und Widersprüche innerhalb einer Gruppierung zu stiften, kann er diese immer weiter kontrollieren und sie in seine Richtung lenken.

Kontaktschuld (Guilt by Association)

Der Propagandist nutzt Kontaktschuldvorwürfe, um die Idee oder Kritik seines Gegners zu diskreditieren, indem er darauf hinweist, dass dessen Ansichten bei Gruppen beliebt seien, die er selbst hasst und fürchtet oder mit denen er nicht in Verbindung gebracht werden will. Häufig wird der von einem Kontaktschuldvorwurf Betroffene sogar dazu gedrängt, sich von der verhassten Gruppe – obwohl er dieser gar nicht angehört – zu distanzieren. Nur weil Vertreter dieser Gruppe beispielsweise auf einer Veranstaltung waren, die auch der Angeschuldigte besucht hat, oder weil er lediglich jemanden aus der *Bad Group* kennt und grüßt oder weil er von der vermeintlich falschen Seite für seine Meinungen oder Taten Applaus erhält. Letztendlich dient *Guilt by Association* dazu, dass der Beschuldigte von seiner davon völlig unabhängigen Idee oder Kritik ablässt, um zu vermeiden, persönlich weiter in Verbindung mit der Gruppe, die ihn in Verruf bringen könnte, gebracht zu werden – was einer moralischen Erpressung gleichkommt. Kontaktschuldvorwürfe werden einerseits innerhalb der Transfertaktik und andererseits als Ablenkungsmanöver benutzt, sollen aber den Gegner vor allem einschüchtern.

Künstliche Verknappung (Artifical Scarcity)

Propagandisten nutzen Knappheiten an Gütern, die vor allem in Krisenzeiten entstehen, um das Interesse der Bevölkerung genau darauf zu lenken. Das Chaos innerhalb der Krise können sie auch dazu nutzen, einen solchen Mangel nur zu suggerieren, denn sie wissen, dass die Nachfrage an dem zur Seltenheit stilisierten Gut automatisch ansteigen wird. Der Propagandist kann den Umstand vielfältig ausnutzen. Er profitiert von der Unruhe und Spaltung, die der Mangel mit sich bringt, kann aber auch mit einem wirtschaftlichen Unternehmen finanziell gemeinsame Sache machen, indem er den Umsatz eines Produktes durch diese Technik in die Höhe schnellen lässt.

Legendenbildung und Verschwörungsideologien

Propagandisten nutzen erfundene Legenden, die für richtungsweisende historische Ereignisse verantwortlich sein sollen, und deklarieren sie als »große Lügen der Geschichte«. Indem politischen Gegnern eine Verschwörung unterstellt wird, die ein Unglück epischen Ausmaßes hervorgerufen hätte, sollen eigene in der Vergangenheit getroffene oder anstehende Maßnahmen und Entscheidungen gerechtfertigt werden. Auch hier bedienen sich Propagandisten einer psychologischen Erkenntnis, nach dem große Lügen im Volk leichter geglaubt werden als kleine. Der Begriff Verschwörungstheorie selbst hat ungerechtfertigterweise eine so negative Konnotation erlitten, dass »Verschwörungstheoretiker« heute gemeinhin als Schimpfwort aufgefasst wird. Das darf nicht dazu führen, dass kritische Fragen zur Geschichte nicht mehr gestellt werden, denn natürlich stecken hinter nicht wenigen bedeutenden historischen Ereignissen Verschwörungen, und wenn es faktenbasierte Gründe für die Annahme einer solchen im aktuellen politischen Geschehen gibt, müssen Theorien dazu legitim sein. Leider haben sich Alternativen, wie etwa der Begriff »Zentralsteuerungshypothese«, der wissenschaftlich korrekt als eine begründete und rational nachprüfbare Theorie über eine Verschwörung verstanden wird, sprachlich bisher nicht durchgesetzt. Während sich Kritiker einer Verschwörungstheorie aber bereits in propagandistischer Absicht anschicken, die Umschreibung ersatzweise als »Verschwörungserzählung« zu bezeichnen, um der Theorie selbst das Theoretische absprechen zu können, wäre es stattdessen besser, für tatsächliche Fälle von wahnhaften Proklamationen über Verschwörungen einen alternativen Begriff wie *Verschwörungsideologie* zu verwenden.

Manichäisierung und Dichotomisierung

Ein manichäisches Weltbild fußt auf dem Irrglauben, dass auf der Erde ein stetiger Kampf zwischen Gut und Böse vorherrscht. Demnach könne alles, was auf der Welt vorzufinden sei, in zwei Kategorien eingeteilt werden, für etwas dazwischen sei indes kein Platz. Mit der Taktik der Etablierung solchen ***Schwarz-Weiß-Denkens***, also der Einordnung aller Lebensumstände in gut oder böse, richtig oder falsch, Licht oder Schatten, Freund oder Feind verfolgen Propagandisten die Strategie der ***Simplifizierung*** und kreieren ein Dilemma. Den Manipulierten wird eingeredet, es gebe nur zwei Wahlmöglichkeiten, während der Propagandist die ihm unerwünschte Option rhetorisch eliminiert ***(falsche Dichotomie).*** Je weniger differenziert die Masse denkt, desto leichter lässt sie sich kontrollieren. Die gelenkte Gesellschaft orientiert sich dann an Extremen, während mit dem Schwinden des Graus und aller anderen Farbschattierungen kritisches Denken, Hinterfragen, Abwägen und etwaige Bereitschaft zu Kompromissen oder Friedensschlüssen verdrängt werden. Eine manichäistische Welt ist dazu verdammt, einen ewigen Krieg zu führen. Beliebte mediale Begleitmanipulationen für Schwarz-Weiß-Bilder ergeben sich auch durch den Einsatz von Stilmitteln wie etwa Musik in Videobeiträgen. So kann der Eindruck »des Bösen« durch bedrückenden und bedrohlichen Sound erweckt werden, wie auf der anderen Seite die Auswahl eines heroischen oder beruhigenden Musikstils das vermeintlich Gute begleitet.

Montage

Neben den verschiedenen Methoden der Inszenierung, Aufnahmetechnik und Bildbearbeitung ist die *Montage* das mächtigste Werkzeug von Filmemachern und Fotografen, womit die rein technische Zusammenstellung und Aneinanderreihung von Bild- und Tonelementen bezeichnet wird. Durch Schnitt, Fragmentierung oder Veränderung der Reihenfolge von Elementen wird ein Film so gestaltet, dass die Botschaft, die er vermitteln soll, am eindrucksvollsten aufgenommen wird. Je nach Grad der Manipulation und Art des Beitrages kann *Montage* gezielt zur propagandistischen Täuschung verwendet werden. Bei der Bildmanipulation durch Montage können zwei oder mehrere Bilder so miteinander verschmolzen werden, dass der Eindruck entsteht, es handele sich um ein einzelnes Foto. Auf der anderen Seite lassen sich Elemente eines Fotos herausschneiden oder retuschieren. Mit ihrer Hilfe lassen sich Zeit und Raum des Gesehenen neu anordnen und Kontexte verschieben, oder man kann auch eine gänzlich andere Geschichte erzählen. Ob eine propagandistische Absicht hinter einer Fotomontage oder der Schnitttechnik eines Filmes steht, muss im Einzelfall geprüft werden. Journalistische Beiträge dürfen gesetzlich nicht zensiert, wohl aber aus ästhetischen oder zeitlichen Gründen zusammengeschnitten werden. Zwischen Montage und Zensur kann, gerade wenn es um brisante Informationen geht, also ein schmaler Grat liegen.

Ein berühmtes Beispiel einer Fotomanipulation: Am 5. Mai 1920 spricht Lenin in Moskau zu den Massen; rechts von ihm Leo Trotzki und Lew Kamenew.

Nachdem Trotzki und Kamenew in Ungnade gefallen waren, wurden sie aus dem Foto herausretuschiert.

Nutpicking

Um eine Veranstaltung zu diskreditieren, schreibt der Propagandist die Masse der Teilnehmer etwa einer Demonstration einer unerwünschten Gruppierung zu. Um zu suggerieren, dass diese *personae non gratae* kennzeichnend für die Mehrheit der Gruppe seien, fangen mediale Bilder nur einige wenige Menschen der Zusammenkunft ein, auf die ein ausgemachtes negatives Gruppenmerkmal zutrifft oder für die eine unerwünschte Zugehörigkeit suggeriert werden kann – zum Beispiel beim Schwenken einer zugewiesenen Fahne. Häufig folgen Medien mittels *Nutpicking* dem Prinzip von ***Sensationsberichterstattung.***

Political Correctness

Nach Vorstellungen der *Political Correctness* sollen sämtliche Ausdrucksweisen, die von Diskriminierung betroffene Minderheiten verletzten könnten, aus dem Wortschatz gestrichen werden. Sofern es sich um tatsächliche Beleidigungen handelt, sind dies ernst zu nehmende Debattenthemen. Propagandisten allerdings wollen mit immer absurderen Forderungen von Umbenennungen und Restriktionen sowie dem fortwährenden Suchen nach neuen vermeintlichen Minderheiten, die sensibel auf Liedzeile X oder Straßennamen Y reagieren könnten, eine Sprachzensur betreiben, die das gesellschaftliche und kommunikative Zusammenleben gefährdet. In ihrem Fokus steht nicht der Minderheitenschutz, sondern die Beschneidung von freier Rede, die ihnen aus rein ideologischer Sicht missfällt. Zweckentfremdete *Political Correctness* ist Propaganda und gefährlich für eine Demokratie, die neben Minderheiten per Gesetz auch Meinungsfreiheit, Pressefreiheit und Kunstfreiheit (Satire) schützen muss und in diesen Bereichen Zensur nicht dulden kann. Die Mehrheitsgesellschaft kann auch keine Rücksicht darauf nehmen, wenn selbst ernannte Sprachpolizisten ganz normale, in keinem beleidigenden Zusammenhang stehende Fragen, wie beispielsweise die nach der Herkunft eines Menschen, als rassistisch brandmarken; damit wollen sie den Grad der Empfindlichkeit allen Zusammenlebens immer weiter abwärts drücken, um dann aus der selbst fabrizierten Spaltung wiederum politisches Kapital schlagen zu können. Zudem herrscht die Gefahr vor, dass das Bestehen auf politisch korrekter Sprache erst recht Unfrieden zwischen verschiedenen Gruppen in der Gesellschaft stiftet, denen Propagandisten teilweise einzureden versuchen, wann und weswegen sie sich beleidigt zu fühlen haben. In Zusammenhang mit politischer Korrektheit steht auch eine Form von Totschlagargument, das im Englischen als ***Traitorous Critic Fallacy*** bezeichnet wird. Ein zu Recht kritisierter Propagandist gesteht sich seinen Fehler nicht ein, behauptet aber, er sei gar nicht deswegen angegriffen worden, sondern wegen seiner Zugehörigkeit zu einer Minderheit oder von Vorurteilen besonders betroffenen Gruppe. Er proklamiert dann, obwohl dies gar nicht in Verbindung zu seiner Argumentation steht, seinem Gegenüber gehe es darum, ihn zum Beispiel sexistisch zu diffamieren.

Post-hoc-Argumentation

Mit einem sogenannten *Post-hoc-Argument* versucht der Propagandist eine Scheinkausalität zu suggerieren, indem er schlicht behauptet, dass ein Ereignis, das auf ein anderes folgt, das Ergebnis des ersten sei ***(post hoc, ergo propter hoc)***. »Danach, also deswegen« weist allerdings keine notwendige Kausalität auf. Post-hoc-Vergleiche werden oft herangezogen, um ganze Scheindebatten loszutreten und dadurch die eigentliche Problematik, deren Lösung nicht im Sinne des Propagandisten ist, zu umgehen.

Potemkinsche Dörfer

Die aus der russischen Geschichte entlehnte Redewendung »*Potemkinsche Dörfer* bauen« bezieht sich auf einen Propagandisten, der bewusst sprichwörtlich oder tatsächlich eine Fassade oder künstliche Kulisse um ein Problem herum aufbaut, um von unerwünschten Zuständen oder wichtigen Problemen abzulenken. Buchstäblich bewährt hat sich die Taktik bis heute unter Diktatoren, die beispielsweise gezielt internationale Politiker oder Journalisten hergerichtete Dörfer beziehungsweise Gebiete ihrer ansonsten strikt abgeriegelten Länder bereisen lassen, um ihnen dort eine »heile Welt« vorzugaukeln.

Reductio ad hitlerum

Die *reductio ad hitlerum* ist ein Sonderfall des Kontaktschuldvorwurfes. Der Propagandist findet in den Argumenten seiner Gegner nicht weniger als einen Anknüpfungspunkt an Adolf Hitler selbst oder an einen anderen historischen Tyrannen respektive Diktator. Indem er versucht zu suggerieren, dass ein Vorschlag beziehungsweise eine Behauptung seiner Gegenseite auch Hitler und seinen Untergebenen gefallen hätte, weist er ihn für indiskutabel aus. *Reductio ad hitlerum* bestätigt Godwin's Law. Die These, nach der mit zunehmender Länge einer Diskussion die Wahrscheinlichkeit abwertender Äußerungen kontinuierlich steigt und radikaler wird, bis sie sich irgendwann Vergleichen mit dem Nationalsozialismus und Hitler bedient, wurde im Jahr 1994 vom amerikanischen Rechtsanwalt und Schriftsteller Mike Godwin aufgestellt. Eine statistische Analyse von 4,6 Millionen Kommentaren auf der Diskussionsplattform Reddit fand heraus, dass über 90 Prozent der Diskussionen mit mehr als 4000 Posts nicht ohne Hitler- und Naziverweise auskommen – völlig unabhängig vom diskutierten Thema.

Schmutzkampagnen (Negative Campaigning)

Eine Schmutzkampagne zu entwerfen ist der Versuch, den Ruf eines Menschen massiv zu schädigen oder ihn selbst infrage zu stellen, indem man ihn mit negativer Propaganda überhäuft. Die Kampagne kann sich gegen Einzelpersonen, Gruppen oder Institutionen richten und von übler Nachrede über Rufmord bis hin zu Boykott- und Gewaltaufrufen reichen. Häufig streuen Schmutzkampagnen dafür ***Gerüchte***, inszenieren oder nutzen ***Shitstorms***, um jemandem die Äußerungsmöglichkeiten und soziale Teilhabe zu entziehen ***(Deplatforming)*** oder ihm gleich die berufliche Grundlage zu nehmen und seine Existenz zu zerstören ***(Cancel Culture)***.

Slogans

Slogans oder Parolen sind kurze und prägnante Sätze, die der Propagandist mit *Glittering Generality* und *Kampfbegriffen* anreichert und als Propagandamittel konsequent wiederholen lässt. Darin können zum Beispiel Appelle an Emotionen, Traditionen, Patriotismus oder Altruismus enthalten sein. »Glanzvolle Allgemeingültigkeiten« sollen so lange wiederholt werden, bis sie sich in den Köpfen der Menschen festgesetzt haben und zur gewünschten Verhaltensänderung führen. Die Manipulationstechnik der auf die Spitze getriebenen Wiederholungen von Slogans nennt man ***ad nauseam*** (wörtlich: bis zum Erbrechen). Durch das unermüdliche und unaufhörliche Abspulen seiner Botschaften geht der Propagandist davon aus, dass die Inhalte irgendwann bei jedem hängen bleiben und er ein Maximum an Menschen von seinen Ansichten überzeugt. Eine Gefahr besteht jedoch dabei für ihn selbst dahingehend, dass die unendliche Wiederholung von vermeintlich positiven Messages, auch in Form von Bildern, Musik oder Gestiken, dem Publikum irgendwann so auf die Nerven geht, dass die Wirkung ins Gegenteil umschlägt. *Ad nauseam* eignet sich daher vor allem für den Einsatz als direkte Propagandatechnik innerhalb diktatorischer Staaten mit gleichgeschalteten Medien.

Stereotypisierung

Zu den gefährlichsten Waffen des Propagandisten zählt die auf Vorurteilen beruhende *Stereotypisierung*. Mit dem Begriff *Vorurteil* wird ein Zustand vor einem Urteil beschrieben, also eine vorab wertende Aussage, die nicht auf ausreichender Kenntnis eines Sachverhalts beruht. Psychologisch betrachtet, haben Vorurteile, die sich zumeist auf Personengruppen beziehen, zunächst rein nützliche Funktionen. Weil uns die alltägliche, rasante Informationsflut nicht immer die Zeit für eine genaue Urteilsbildung erlaubt, wir aber darauf angewiesen sind, Menschen, die uns begegnen, mitunter schnell einschätzen zu müssen, weisen wir bestimmten Gruppen Eigenschaften zu, die wir entweder positiv oder negativ bewerten. Die Kategorisierung kann auf eigenen Erfahrungen mit Mitgliedern der entsprechenden Gemeinschaft beruhen oder auf die Einordnung über eine Gruppe, mit der wir uns selbst identifizieren und deren Werte und Narrative wir übernehmen. Gruppenzugehörigkeiten sind maßgeblich entscheidend für das menschliche Bedürfnis nach Identifikation, die ihnen in ihrem Leben Schutz und Orientierung bietet. Eigengruppen brauchen in ihrem Anspruch auf Richtigkeit und Wahrhaftigkeit immer wieder Selbstbestätigung und Aufwertung, die sie maßgeblich über die Abgrenzung und Abwertung von Fremdgruppen beziehen. Eine der sichersten Methoden für diesen Prozess ist der Rückgriff auf Vorurteile, mit denen Propagandisten versuchen, eine Ingroup für ihre Zwecke zu instrumentalisieren und sie gezielt gegen eine Outgroup einzusetzen. Deshalb sind sie darauf bedacht, bestehende Vorurteile weiter zu festigen. Diese Methode nennt sich *Stereotypisierung*. Nach Erkenntnissen der gruppensoziologischen Einstellungsforschung[22] entwickelt sich aus einem zunächst auf Gefühlsebene gebildeten Vorurteil ein gedanklich festgesetztes Stereotyp. Beide Einstellungen, Vorurteile auf affektivem und Stereotype auf kognitivem Weg, können zur dritten, handlungsbezogenen Komponente Diskriminierung führen. Welche Form eine daraus resultierende Schlechterbehandlung anderer Menschen haben soll, legt die Propaganda je nach bestehenden Machtverhältnissen und Zielen fest. Am Ende lassen sich sogar Kriege oder Genozide als Extremfälle von Diskriminierungen beschreiben.

Propagandisten greifen häufig auf *Stereotypisierungen* zurück, um Sündenböcke zu kreieren und vorherrschende Probleme auf bestimmte Gruppen abzuwälzen ***(Scapegoating)***. Auch wenn man durch Aufklärung vieles zum Positiven verändern kann, wird es keiner Gesellschaft je gelingen, auf zwischenmenschlicher Ebene Vorurteile, Stereotype oder Diskriminierungen zu beseitigen. Doch im Wissen darüber, dass Machthaber es durch den Einsatz von *Stereotypisierung* fertiggebracht haben, ganze Menschengruppen zu unterwerfen, zu unterjochen, zu vertreiben und sogar zu vernichten, ist dringende Vorsicht dahingehend geboten, dass eine solche Methode nicht von zentraler Stelle missbraucht wird. Umso bedenklicher ist, dass Medien und Machthaber auf der ganzen Welt Vorurteile und Stereotypen nach wie vor zu politischen Zwecken missbrauchen oder schüren, um ihre Entscheidungen zu legitimieren oder ihre Macht zu festigen. Verwandt mit der *Stereotypisierung*, aber auch bezogen auf Sachverhalte und Objekte sind die ***Generalisierung***: »Grenzen lassen sich nicht kontrollieren, deswegen brauchen wir es gar nicht zu versuchen«, ***Pauschalisierung***: »Es wird immer Armut geben, deswegen brauchen wir sie nicht zu bekämpfen« und ***Essenzialisierung:*** »Jetzt ist es nun mal so, finden wir uns damit ab!«

Strohmannargument (Straw Man Fallacy)

Ein klassisches Ablenkungsmanöver stellt die Verwendung eines sogenannten *Strohmannargumentes* dar. Der Propagandist greift gekonnt eine Meinungsäußerung seines Gegners auf, verzerrt oder lenkt sie auf eine deutlich radikalere beziehungsweise unsicherere Position und baut einen imaginären Gegenspieler – den Strohmann – auf, mit dem er stattdessen weiterdiskutiert, als wäre dieser sein Gegner. Vor Publikum widerlegt er dann in aller Ruhe die von ihm untergejubelten Behauptungen durch ein fiktives Streitgespräch mit der Strohpuppe, die er mit seinem Gegenüber gleichsetzt, um ihn inkompetent oder dumm erscheinen zu lassen.

Totschlagargument (Killerphrase)

Die *Killerphrase* enthält ein Scheinargument, das Diskussion über ein Thema zum Stillstand bringen soll, indem der Propagandist eine Floskel verwendet, die so inhaltslos, sachfremd oder auch herabwürdigend und pauschal ist, dass der überrumpelte Gegner ihr weder widersprechen noch durch eine Anknüpfung zum eigentlichen Thema zurückfinden kann. Der Propagandist weiß an dieser Stelle, dass er selbst keine Argumente mehr aufwenden kann; er will auch nicht weiter überzeugen, aber mittels rhetorischer Manipulation dennoch seinen Standpunkt durchsetzen, ohne weiter diskutieren zu müssen. *Totschlagargumente* und *Killerphrasen* können mithilfe verschiedener Formen von Scheinargumenten und Appellen erzeugt werden: »Nichts aus der Geschichte gelernt?«, »Mein Körper, meine Entscheidung«, »Wer kann es denn besser machen?«

Übertreibung und Marginalisierung

Übertreibungen und *Marginalisierungen* sind simple und beliebte rhetorische Täuschungsmanöver, mit denen der Propagandist Ereignisse in einem anderen Licht erscheinen lassen kann. Während *Minimierungen* in der Regel Zwecken der Verharmlosung dienen, kommen Übertreibungen häufig zum Einsatz, wenn vor den Konsequenzen eines Sachverhalts gewarnt werden soll. Beide propagandistischen Stilmittel können rhetorischer Art sein, aber auch mithilfe von Technik erzeugt werden. Einem Fotografen oder Kameramann stehen diverse Kniffe zur Verfügung, um zum Beispiel die Teilnehmerzahl einer Veranstaltung größer oder kleiner erscheinen zu lassen. Während sich Übertreibungen als Mittel der *Pauschalisierung* anbieten, finden Marginalisierungen besonders Ausdruck im Rahmen der ***Relativierung*** von Problemen.

Umbenennung und Euphemisierung

Durch *Name Calling, Glittering Generality* oder *Labeling* definiert der Propagandist Begriffe und Worte nach seinen Vorstellungen neu. Sich der Macht des gesprochenen Wortes immer bewusst, nutzt er sämtliche Methoden zur Wortmanipulation, die ihm zur Verfügung stehen. Bisher negativ oder positiv besetzte Termini deutet er um, erfindet neue oder versucht, sie aus dem Wortschatz zu streichen. So ließ Adolf Hitler beispielsweise das Wort Attentäter aus den deutschen Wörterbüchern und der öffentlichen Sprache entfernen, damit der Gedanke daran erst gar nicht verbreitet würde. Helfen andere Methoden nicht, greift der Propagandist zum Mittel der Umbenennung. Plätzen, Straßen oder kommunalen Einrichtungen neue Namen zu geben gehört immer zu den ersten Maßnahmen nach einem radikalen politischen Machtwechsel innerhalb eines Staates. Dahinter steckt meist die Verachtung der neuen Regenten für alles, was vor ihnen war, aber auch die Angst vor politischer Konkurrenz oder dem Zusammenhalt der Bürger, die sich hinter anderen Vorbildern versammeln. Dass zu diesen Mitteln keineswegs nur Diktatoren greifen, sondern vor solchen massiven Eingriffen in die kulturelle Identität und Geschichte eines Landes bei einem Wechsel der Machtverhältnisse auch in einem demokratischen Staat kein Halt gemacht wird, zeigt zum Beispiel eine Reihe von 2023 getätigten oder geplanten Umbenennungen im politischen und kulturellen

Berlin. So wurde das »Bismarck-Zimmer« in »Saal der Deutschen Einheit« umgetauft, weil der ehemalige Reichskanzler, dem das Auswärtige Amt seinen Namen überhaupt erst zu verdanken hat, wohl nicht mehr »zeitgemäß« gewesen ist.

Doch der erzwungene Sprachwandel befällt nicht nur den öffentlichen Raum. Mittlerweile hat es fast schon Tradition in der politischen Sprache, dass Begriffe umbenannt werden, weil man reale Probleme, die mit diesen verbunden sind, nicht lösen kann oder will. In ihren Ideen von einer infantilen Gesellschaft meinen Propagandisten, Menschen sähen ihre Sorgen nicht oder würden sie nicht kommunizieren, wenn die Begriffe dafür schlicht verschwänden respektive sie dem Wortlaut gar nichts Negatives mehr meinen könnten. Hinter der Vielzahl von sprachlichen Beschönigungen *(Euphemismen)* in Medien und Politik stecken neben Ideologie auch Arroganz oder Arbeitsverweigerung. Aus Preiserhöhungen werden »Preisanpassungen«, aus Sozialabbau »Reformen«, aus Debatten um Gerechtigkeit »Neiddebatten«. Streubomben sind »intelligent«, wenn sie von der richtigen Seite innerhalb einer »Militärintervention« eingesetzt werden und nur »Kollateralschäden« anrichten, während sich die falsche Seite im Rahmen eines brutalen Angriffskrieges des Einsatzes von menschenverachtenden Vernichtungswaffen schuldig macht, um Zivilisten abzuschlachten. Gleiches Prinzip gilt für die gut gemeinten »alternativen Verhörmethoden«, die von »der guten Seite« angewandt werden, während weiterhin »brutale Folter« von »den Bösen« praktiziert wird. Es gibt nicht weniger Arbeitslose, wenn Arbeitslosengeld »Bürgergeld« genannt wird oder ihnen »klimagerechter Wohlstand« versprochen wird. Illegale Einwanderer werden nicht legaler, wenn sie als »Zuwanderer« das Land bereichern sollen, und ihre Abschiebung wird für sie sicher nicht angenehmer, bezeichnet man diese als »Rückführungspatenschaft«. Einschränkungen im wirtschaftlichen und sozialen Leben werden nicht erträglicher, wenn man sie als »Wellenbrecher« stilisiert, auch nicht als »Lockdown light« und nicht als »Osterruhe«. Gängelt man mit immer neuen und absurderen Regelungen für Geschlechteransprachen die Bevölkerung, die sich mehrheitlich und eindeutig gegen Gendersprache und -* ausgesprochen hat, bekämpft man damit nicht Diskriminierung, sondern fördert sie. Doch das ist dem Propagandisten zur Durchsetzung seiner Ideologie entweder egal, oder er beabsichtigt Selbiges.

Victim Blaming

Victim Blaming bezeichnet eine Methode, mit der ein Propagandist dem Opfer zum Beispiel einer Straftat die Schuld zuschieben will. Er betreibt also aus manipulativen Gründen eine Täter-Opfer-Umkehr, die aus unterschiedlichen Motiven heraus im Interesse des Propagandisten liegen kann, wenn er zum Beispiel den Täter schützen will oder ihm die Handhabe fehlt, etwas gegen diesen zu unternehmen. *Victim Blaming* findet aber auch Anwendung im Rahmen geschichtsrevisionistischer Thesen, indem Propagandisten beispielsweise ganze Volksgruppen schuldig sprechen, für ihre eigene Verfolgung mitverantwortlich zu sein.

Whataboutism

Whataboutism bezeichnet eine simple Ablenkungstaktik, mit der ein Propagandist dem Argument seines Gegners zu einem im Fokus stehenden Problem einfach ausweicht und auf einen völlig anderen Missstand hinweist, der seiner Meinung nach stattdessen diskutiert werden sollte. Dem Gegner wird dabei oft noch Heuchelei vorgeworfen, weil er das eine Problem anspreche, das andere aber nicht. Häufig steigt der Propagandist ein mit einem Satz wie: »Und was ist mit ...?«

Zensur

Eine der radikalsten Propagandaformen der Täuschung schließlich bildet die *Zensur* – das Verstecken oder Verheimlichen von Informationen. Zensurmaßnahmen in totalitären Staaten gehören zu den ersten Handlungen als Folge von Gleichschaltungspolitik. In einer Diktatur sollen die Bürger nur diejenigen Sachverhalte erfahren, die der Ideologie dienen. Zensurbehörden legen genau fest, welche Sprache Medien benutzen oder welche Bilder gezeigt werden dürfen. Eine staatliche *Zensur* in demokratischen Staaten darf nur in Ausnahmefällen zur Anwendung kommen, wenn es etwa zum Beispiel um den Jugendschutz, um indizierte Medien oder um strafrechtlich relevante Inhalte im Internet geht. Eine Zensur der Presse durch staatliche Organe hingegen ist per Gesetz ebenso verboten wie die *Zensur* der freien Meinungsäußerung eines jeden Bürgers. In Artikel 5 des Grundgesetzes für die Bundesrepublik Deutschland heißt es dazu ausdrücklich:

> *Jeder hat das Recht, seine Meinung in Wort, Schrift und Bild frei zu äußern und zu verbreiten und sich aus allgemein zugänglichen Quellen ungehindert zu unterrichten. Die Pressefreiheit und die Freiheit der Berichterstattung durch Rundfunk und Film werden gewährleistet. Eine Zensur findet nicht statt.*

Medienmacher dürfen also Informationen nicht manipulieren, indem sie bestimmte Inhalte aufgezeichneter Beiträge zum Zwecke der *Zensur* entfernen. Da jedoch auch hinter anderen Propagandatechniken wie etwa dem *Agenda Setting* oder der *Fragmentierung* die Absicht stecken kann, mittels Manipulation über Probleme in der Gesellschaft hinwegzutäuschen und sich zudem eine Montage auch auf »Schnitte aus Zeitgründen« berufen kann, ist eine intendierte Zensur nicht leicht nachzuweisen.

KAPITEL 4
KRIEGSPROPAGANDA

Methoden und Prinzipien

Kriegspropaganda ist die auf Manipulation der Massen ausgelegte Form von Propaganda, die als Mittel der Kriegsführung zum Einsatz kommt. Alle bekannten Propagandamethoden finden dafür Anwendung und dienen dem übergeordneten Ziel, einen Krieg in Gang zu setzen und ihn so lange fortzuführen, bis der Feind geschlagen ist. In modernen Informationskriegen sprechen die gegnerischen Parteien, um den negativen Begriff zu vermeiden, statt von Kriegspropaganda von *Psychological Warfare (PSYWAR)* oder von *Psychological Operations (PSYOP)*. Der Unterschied zu Propaganda in Friedenszeiten liegt nicht in einer anderen Methodik begründet, sondern in der Radikalität ihres Einsatzes, denn Propaganda im Krieg ist eine todbringende Waffe, die ebenso wie Bomben und Granaten an ihrer Effektivität und Sprengkraft bemessen wird. Und wie diese ist sie zwingend abhängig von Menschen, die ihr folgen sollen. Da niemand gerne stirbt oder tötet, müssen kriegführende Staaten vor allem dafür sorgen, dass ihre Propaganda dem eigenen Volk die Notwendigkeit und Unausweichlichkeit dieses belastenden Extremzustandes verkauft. Für die Propaganda im Kriege gilt es also mehr denn je, im Rahmen einer radikalen negativen Bestärkung *Ängste* zu schüren, Bedrohungsszenarien zu kreieren und den Feind dafür verantwortlich zu sprechen. Auf der anderen Seite muss der eigenen Bevölkerung durch positive Bestärkung oder sogar Erzeugung von Euphorie immer wieder vorgetäuscht werden, dass es der »guten Seite« angehört und Heldenhaftes vollbringt. Und zwar in einem solchen Maße, dass es den Sieg des Krieges selbst als vorrangigstes Ziel annimmt, dem es sämtliche moralischen, ethischen oder wirtschaftlichen Bedenken unterordnet und bereit ist, auf individuelle Rechte zu verzichten. Kriegspropaganda folgt also einem klaren Schwarz-Weiß-Schema, dem nicht widersprochen werden darf. Die Gleichschaltung und uneingeschränkte Kontrolle über die Medien, die das gewünschte Bild durch *Dämonisierung* der feindlichen Kriegsführung und ständigen Hinweise auf Kriegsgräuel sowie Ästhetisierung und *Heroisierung* der eigenen Seite aufrechterhalten müssen, ist daher wichtigste Basis für die Kriegsherren. Die Vereinheitlichung des medialen Machtapparates ermöglicht die simplen Strategien der Informationsmanipulation in Kriegszeiten: bewusstes Lügen durch Desinformation, Täuschen durch Übertreibung wahrer Fakten, Verkünden von Halbwahrheiten oder Meinungen als Tatsachen und Verschweigen von allem, was der Notwendigkeit, Krieg zu führen, widerspricht. Andere Ansichten im Volk als diejenigen, für das übergeordnete Ziel zu kämpfen, werden nicht mehr toleriert und restriktiven Maßnahmen unterworfen, die von Zensur bis hin zur Todesstrafe reichen können. Kriegspropaganda und Kriegsberichterstattung sind in einem bewaffneten Konflikt oft schwer voneinander abzugrenzen. Die Journalisten des eigenen Landes sollen nämlich als Soldaten verstanden werden, die ausschließlich im Sinne des kriegführenden Staates arbeiten, und zwar so, dass ihre militärischen Informationen immer darauf schließen lassen, dass der Feind chancenlos ist und der Sieg kurz bevorsteht. Kriegsberichterstattung unterscheidet sich für Journalisten beteiligter Länder außerdem vor allem dadurch von ihrer Tätigkeit in Friedenszeiten, dass sie nicht mehr Kriege kritisieren, sondern den Kriegszustand als gegeben annehmen und lediglich Partei für ihre Seite ergreifen. Die aufgrund der veränderten Gesetzes- und Infrastruktur logistischen Einschränkungen unterworfenen Reporter verbündeter oder neutraler Länder hingegen sollen als *Embedded Journalists* die verzerrte Realität als Wahrheit annehmen und weltweit verbreiten, damit der eigenen Seite größtmögliche Unterstützung und Sympathie entgegenkommt. Die Soldaten und die Bevölkerung des Feindes sind ebenfalls Ziel von Propaganda und sollen so lange eingeschüchtert werden, bis sie demoralisiert die Waffen strecken und Beistand aufgeben.

Insgesamt sorgen die Kriegspropagandastifter also dafür, dass das Aufdecken von Unwahrheiten allen Beteiligten so schwer wie möglich gemacht wird. Die Organisation von Kriegspropaganda folgt einem ausgeklügelten staatlichen Konzept, an dem viele kluge Wissenschaftler arbeiten. Dieses erscheint zwar im Nachhinein betrachtet immer auf den gleichen Prinzipien aufzubauen, doch gerade weil Propaganda als Kriegswaffe zuvorderst alles daransetzen muss, dass sie nicht als solche erkannt wird, gelingt es während eines militärischen Konfliktes nicht, sie im gesamten Konstrukt zu begreifen. Es scheint, als müssten unser Gerechtigkeitsempfinden und unsere Wahrheitssuche in jedem neuen bewaffneten Krieg erneut in die Waagschale gelegt werden. Kriege sind komplex, gerade weil in ihnen die verschiedensten Interessen miteinander konkurrieren und Gehör finden wollen. Genauso verhält es sich mit Kriegspropaganda, in der unzählige Methoden, die ein spezifisches Ziel verfolgen, das wir nicht kennen oder nicht kennen sollen, kollektiv verwoben werden. Eine Schablone, die wir anlegen könnten, um in einem neuen Krieg das gesamte Propagandakonzept der verschiedenen Konfliktparteien offenzulegen, gibt es nicht. Wer das verspricht, weiß es nicht besser. Da können auch einschlägige Zitate oder einfache Gleichungen nicht helfen, die in zahlreichen Internetforen und sozialen Medien zu Kriegszeiten geteilt werden und aufrütteln sollen. Ein Beispiel sind die Schaubilder der »Prinzipien von Kriegspropaganda«, mit denen man – so wird damit einhergehend behauptet – »die böse Seite« und wahre Intention eines Krieges stets entlarven könne. Das muss allerdings schon daran scheitern, als dass nahezu jede Propagandamethode von allen Staaten, die miteinander Krieg führen, verwendet wird und damit eben nicht ausgesagt werden kann, wer im Recht oder im Besitz der Wahrheit ist. Was man hingegen erkennen kann, sind spezifische, immer wieder auftauchende Manipulationsmethoden – und damit ist schon viel gewonnen, denn die Kunst, Propaganda zu enttarnen, ist die stärkste Waffe derjenigen, die für den Frieden kämpfen. Das kann und darf allerdings nicht einseitig geschehen. Wenn man nur die Propagandamethoden des Gegners entlarvt, die eigenen aber verschleiert oder leugnet, kann dies niemals in einem gerechten Frieden münden. Die grundsätzlich stimmigen »Zehn Prinzipien der Kriegspropaganda« werden fälschlicherweise oft dem britischen Schriftsteller Arthur Ponsonby und seinem 1928 erschienenen Buch *Falsehood in Wartime* zugeschrieben. Ponsonby beschreibt darin allerdings lediglich Kriegslügen und Manipulationsmethoden, mit denen die unterschiedlichen Nationen im Ersten Weltkrieg gearbeitet haben, und erklärt seine Erkenntnisse daraus nicht zur Universalität.

Das tut auch die belgische Historikerin Anne Morelli nicht, auf deren gleichnamiges Werk die Auflistung ebenjener so häufig im Internet geteilten »Prinzipien der Kriegspropaganda« fußt. Bei ihrem Buch, in dem sie im Vorwort darauf hinweist, dass sie sich an Ponsonby orientiert habe, handelt es sich um keine wissenschaftliche Untersuchung von Propaganda im eigentlichen Sinne, denn die Historikerin setzt sich darin nicht mit den einzelnen Methoden auseinander, sondern präsentiert vielmehr deren Ergebnisse in Form der Kenntlichmachung diverser aufgedeckter Lügen in Kriegszeiten zwischen 1914 und 2003. Auch wenn es der Titel nahelegt, kann das Buch keine Allgemeingültigkeiten für ein Kriegspropagandakonzept herausstellen. Dafür müsste es Morelli zumindest gelingen, »ihre Prinzipien« in jedem der im Buch vorgestellten Kriege nachzuweisen. Das klappt allerdings nicht mal für einen einzigen. Doch schauen wir uns die Prinzipien zunächst einmal an:

1. Wir wollen keinen Krieg.
2. Das feindliche Lager trägt die alleinige Schuld am Krieg.
3. Der Feind hat dämonische Züge.
4. Wir kämpfen für eine gute Sache und nicht für eigennützige Ziele.
5. Der Feind begeht mit Absicht Grausamkeiten. Wenn uns Fehler unterlaufen, dann nur versehentlich.
6. Der Feind verwendet unerlaubte Waffen.
7. Unsere Verluste sind gering, die des Gegners aber enorm.
8. Unsere Sache wird von Künstlern und Intellektuellen unterstützt.
9. Unsere Mission ist heilig.
10. Wer unsere Berichterstattung in Zweifel zieht, ist ein Verräter.

Auf den ersten Blick erscheinen uns diese Prinzipien allesamt vertraut, und man ist möglicherweise geneigt, sie ungeprüft als Universalweisheit heranzuziehen. Und tatsächlich, es gibt keinen Krieg, in dem nicht gleich mehrere dieser Prinzipien zur Anwendung kommen, nur eben nicht alle in sämtlichen Kriegen. Dafür ist jeder Konflikt zu individuell und komplex und muss daher immer kontextualisiert untersucht werden. Beispielsweise haben in nur wenigen Kriegen überhaupt einzelne Parteien zugegeben, versehentlich Grausamkeiten begangen zu haben, wie es in *Prinzip 5* formuliert steht. Die Waffen der Gegner in US-geführten Kriegen hatten weder im Vietnamkrieg noch in den Golfkriegen, noch in den Jugoslawienkriegen eine Relevanz. Entgegen *Prinzip 6* waren diese immer unterlegen, wurden nicht als unerlaubt deklariert und waren es auch nie. Verwechseln darf man dies allerdings nicht mit den Vorwürfen, der Feind besitze und baue illegale Waffen oder setze diese gegen die eigene Bevölkerung ein, wie es bei Kriegsanlasslügen häufig der Fall ist – die einzige wirklich spezielle Form von Kriegspropaganda. *Prinzip 7* spielt in keinem der Kriege mit Beteiligung der NATO eine Rolle. Die militärischen Kräfteverhältnisse lagen so eindeutig zugunsten der USA, dass Verluste kaum vorhanden waren, die man propagandistisch noch hätte herunterspielen müssen. Auch kam es in Kriegen mit NATO-Engagement nur selten zur Unterstützung von Künstlern und Intellektuellen *(Prinzip 8),* so wie in vielen Fällen die Kritik in der Zivilgesellschaft am Krieg so groß war, dass beteiligte westliche Staaten es nicht gewagt hätten, die eigene Bevölkerung, um deren Zuspruch man immer werben musste, als verräterisch zu bezeichnen. Bis auf wenige Ausnahmen finden sich die *Prinzipien 1–4* sowie *9* wiederum in allen in diesem Buch vorgestellten Kriegen wieder. Insgesamt kann es also durchaus sinnvoll sein, die von Morelli aufgestellten Prinzipien, auf die ich an einigen Stellen auch Bezug nehmen werde, zu kennen und wiederzuerkennen, wenn man nicht den Anspruch daran stellt, sie schablonenartig vom einen auf den anderen militärischen Konflikt zu übertragen.

In jedem Fall besser und differenzierter lassen sich die einzelnen Kriege und ihre Gemeinsamkeiten anhand der im vorangegangenen Kapitel beschriebenen Propagandamethoden bestimmen und vergleichen, denn diese sind allesamt Bausteine der von Morelli vorgestellten Kriegsprinzipien und wären es für Dutzende weitere, die man darüber hinaus aufstellen könnte. Wichtiger als eine übergeordnete Zuweisung einzelner Methoden erschien mir für dieses Buch, einen anderen Punkt herauszustellen, den alle diese Kriege anscheinend gemeinsam haben: Lügen, die in einen militärischen Konflikt hineingeführt haben. Liegt eine zentrale Kriegsanlasslüge vor, ist diese meist bereits die entscheidende und mächtigste Propagandalüge des jeweiligen Krieges, denn sie rechtfertigt nicht nur den Kriegsgrund, sondern begleitet die bewaffnete Auseinandersetzung bis zu ihrem Ende. Eine Kriegsanlasslüge hat außerdem die besondere Eigenschaft, dass sie immer erst aufgedeckt wird, wenn der Frieden wiederhergestellt worden ist. Hier greift das Theorem »Nebel des Krieges«, das vom preußischen Kriegsethiker Generalmajor Carl von Clausewitz in seinem Buch *Vom Kriege*[23] aufgestellt worden ist. Es besagt, dass kriegswichtige Informationen über Grund, Motiv und Führung während der Zeit der militärischen Auseinandersetzung verschleiert bleiben, bis der Krieg zu Ende und der Nebel somit gelichtet ist. Da der Kampf in der Ukraine andauert, kann man hier zum derzeitigen Standpunkt nicht angeben, inwieweit konkrete Lügen den Ausbruch des Krieges herbeigeführt haben könnten. Sollte es zentrale verantwortliche Unwahrheiten geben, werden diese erst eines fernen Tages aufgedeckt werden – ob wir dann daraus lernen, darf im Hinblick auf die Erkenntnisse der anderen Kriege allerdings gleich infrage gestellt werden. Ausgehend von der in der Einleitung zitierten These, dass das erste Opfer im Krieg die Wahrheit sei, werden wir neben der Charakterisierung der Propagandastrategien und Kriegsführungen der sieben militärischen Konflikte, die im Folgenden behandelt werden, einen speziellen Blick auf die jeweiligen tatsächlichen oder diskutierten Kriegsanlasslügen werfen. Während Deutschland im Ersten und im Zweiten Weltkrieg immer im Zentrum stand, spielt es aufgrund seiner fehlenden militärischen Beteiligung in weiteren hier vorgestellten Konflikten, wie dem Vietnamkrieg, dem Golfkrieg und dem Irakkrieg, eine untergeordnete Rolle. Dennoch sollen jeweils deutsche Standpunkte und Berichterstattung in den Kontext einfließen, um etwa erkennen zu können, inwieweit die Kriegspropaganda anderer Staaten die öffentliche und vor allem veröffentlichte Meinung beeinflusst hat. Im Rahmen dieses Buches, das den Fokus auf Propaganda und Medienmanipulation legt, ist es weder möglich, auf sämtliche Kriege des 20. Jahrhunderts einzugehen, noch Kriegsgründe und Kontroversen der vorgestellten im Detail herauszuarbeiten. Einige grundlegende Fakten dazu habe ich jeweils stichpunktartig vorangestellt.

The War that Will End War: Der Erste Weltkrieg 1914–1918

Zeitraum: *28. Juli 1914 bis 11. November 1918*
Teilnehmende Staaten: *16 (Mittelmächte gegen Entente)*
Streitgegenstand: *imperialistische Vorherrschaft und Wettrüsten um militärische Stärke in Europa*
Geschätzte Todesrate: *ca. 10 Millionen Soldaten, 7 Millionen Zivilisten*

Ihren ersten großen Test durchlief die auf Massenmedien ausgerichtete Kriegspropaganda im Ersten Weltkrieg, der deshalb auch als Vorläufer moderner Medienkriege in die Geschichte einging. Gezielt wurden für die in Politikerkreisen damals so bezeichnete »neue Geheimwaffe Medien« Truppen für den Krieg rekrutiert, Ideologien gestreut, Feindbilder aufgebaut und Durchhalteparolen konzipiert. Die Propaganda des Ersten Weltkriegs konnte sich erstmals länderübergreifend auch im populärer werdenden Medium Film Ausdruck verschaffen, mit dem es Regisseuren gelang, die Bevölkerung wahlweise direkt oder subtil gegen den Feind aufzubringen. Akkreditierte Journalisten konnten auf ganz neue technische Möglichkeiten zurückgreifen, die es ihnen erlaubten, Fotos und Filmmaterial von den Schlachtfeldern aufzunehmen, die wiederum mithilfe moderner Drucktechniken und Projektionsmöglichkeiten Massenverbreitung finden konnten, sofern dieses im Einklang mit den Interessen der Machthaber der jeweiligen kriegführenden Staaten stand. Doch nicht nur die Kriegsfotografie feierte ihre Geburtsstunde während des Ersten Weltkriegs, sondern damit gingen auch die systematische Bildzensur sowie die Pressezensur insgesamt einher, denn die Kriegsführung stand unter völliger Kontrolle der Militärs mit strengsten Geheimhaltungsauflagen, sodass von einer zivilen Kriegsberichterstattung noch nicht gesprochen werden konnte. In jedem beteiligten Land wurde festgelegt, dass die Presse nur strategische Erfolge – wenn erwünscht, auch inszenierte – bekannt geben durfte. Über Niederlagen wurde nicht berichtet, oder sie wurden allenfalls mit Wortneuschöpfungen wie »Frontbegradigungen« kaschiert.

In England und den USA etablierte sich Propaganda im Verlaufe des Ersten Weltkriegs gar zu einer neuen Wissenschaft, mit deren Hilfe konzipierte Propagandastrategien direkt auf den Schlachtfeldern Europas erprobt und umgesetzt werden konnten. Der amerikanische Präsident Woodrow Wilson ließ 1917 unter Führung des Journalisten George Creel das Committee on Public Information (CPI) einrichten, dessen vornehmliche Aufgabe es werden sollte, den Kriegseintritt der USA im noch pazifistisch eingestellten Volk propagandistisch zu rechtfertigen. Anders als in vergangenen Kriegen wurde nämlich der Erste Weltkrieg, der Unmengen an Geldern verschlang, die Mobilisierung der Massen forderte und kontinuierlich nach steigender Wirtschaftskraft verlangte, in der Mitte der Gesellschaft wahrgenommen und war deshalb mehr denn je von der öffentlichen Meinung beeinflusst.

NDAY, NOVEMBER 5, 1917

The RAPE of BELGIUM

AS witnessed by Hugh Gibson, First Secretary of our Legation in Brussels, when the Germans broke through Belgium.

His personal diary—the day to day history of all that he saw—can be given you now that the seal of diplomatic neutrality is broken.

The opening instalment appeared in yesterday's Sunday Tribune—a new chapter will be published daily and Sunday for about six weeks. Read to-day's (yesterday's if you can still get a copy), and to make sure of reading all of it leave an order with your newsdealer now.

—NOTE—

This remarkable story will appear daily and Sunday in The Tribune over a period of about six weeks. The Tribune's Circulation Department will receive subscriptions for the length of the story, and will mail the Daily and Sunday Tribune during its run for the special price of $1.25. This is a real opportunity. Notify us to-day!

Als »Rape of Belgium« (dt.: die Schändung Belgiens) wurde in der alliierten Kriegspropaganda der Überfall Deutschlands auf das neutrale Belgien bezeichnet, wobei die Verletzung der Neutralität bald durch tatsächliche Gräueltaten aufgebauscht wurde.

Gezielt wollte Creel Stimmung gegen Deutschland erzeugen und erwirkte sogar, dass der Deutschunterricht an Colleges verboten wurde. Als wahre Propagandaspezialisten stellten sich die CPI-Angestellten Edward Bernays und Walter Lippmann heraus, deren ausgefeilte Kampagnen es schließlich schafften, im amerikanischen Volk eine wahre Hysterie gegen alles Deutsche zu entfachen. Dafür griffen sie neben den üblichen Vaterlandsappellen auf die neue Form der Gräuelpropaganda des britischen War Propaganda Bureau (WPB) zurück, das seit 1914 in London unter dem Namen Wellington House operierte und aus dem 1917 das Department of Information hervorgehen sollte. Das WPB produzierte im staatlichen Auftrag Ministerreden und Mitteilungen für die Presse; außerdem veröffentliche es selbst Artikel und Bücher, die maßgeblich zweierlei Ziele verfolgten: Rückhalt in der eigenen Bevölkerung für den Krieg gegen Deutschland schaffen, vor allem aber die Überzeugung der Amerikaner zu stärken, militärisch in den Konflikt einzutreten. Nachdem beides gelungen war, konzipierten britisches WPB und amerikanisches CPI im Co-Working das im Ersten Weltkrieg auf Propagandaplakaten dominierende Bild des »barbarischen Hunnen« *(Name Calling),* der mit Pickelhaube auf dem Kopf und säbelschwingend belgische Frauen vergewaltigt, Säuglinge auf Bajonetten aufspießt sowie Leichen und Kirchen schändet. In den USA existierte ein eigenes britisches Propaganda-Office, über das regelmäßig 260 000 einflussreiche Amerikaner und 360 Zeitungsredaktionen mit antideutschen Aufklärungskampagnen versorgt wurden. Das Auslandsbüro bediente sich genauso Übertreibungen und Lügen wie der britische Bryce-Report – eine Kommission aus Historikern und Juristen, die angebliche Kriegsgräuel beweisen sollten –, auf dessen Schauermärchen sich viele amerikanische Zeitungen stützten. Die Berichte und Illustrationen, die darauf abzielten, gezielt *Gerüchte* zu verbreiten, reichten von deutschen Soldaten, die ihren Reichsadler auf die Haut von Kriegsgefangenen eintätowierten, über Lebendverbrennungen ihrer Feinde, das Abhacken von Kinderhänden bis hin zu angeblichen Kadaververwertungsanstalten, in denen Menschen durch Auskochen zu Düngemittel oder Schweinefutter verarbeitet würden *(Brunnenvergiftung)*. Ab den 1920er-Jahren klärten vor allem US-Magazine die Öffentlichkeit darüber auf, dass sich die europäischen Alliierten jedes erdenkliche Gräuelmärchen ausgedacht hätten, um die militärische Unterstützung der Amerikaner zu gewinnen: »der kanadische Soldat, der an ein Scheunentor gekreuzigt wurde, die Krankenschwestern, denen die Brüste abgeschnitten wurden, die deutsche Gewohnheit, Glyzerin und Fett aus ihren Toten zu destillieren, um Schmiermittel herzustellen, und all das andere«.[24]

Zur Strategie der sprachlichen Verbreitung britischer Propaganda gehörten auch *Testimonials* beliebter und geschätzter Autoren. Am 2. September 1914 ließ der Leiter des WPB zu diesem Zweck 25 der angesagtesten nationalen Schriftsteller, darunter H. G. Wells, Arthur Conan Doyle und Rudyard Kipling, ins Wellington House einladen, um mit ihnen ein staatliches Propagandaprogramm zur Kriegsbefürwortung zu entwickeln. So schien Wells in seinem vorgelegten Buch *The War that Will End War* davon überzeugt zu sein, dass der Erste Weltkrieg notwendig sei, um ein für alle Mal für Weltfrieden zu sorgen. Er schrieb: »Jeder Soldat, der jetzt gegen Deutschland kämpft, ist ein Kreuzritter gegen den Krieg. Dieser größte aller Kriege ist nicht nur ein weiterer Krieg – es ist der letzte Krieg!«[25] Doyle wurde parallel erfolgreich mit Essays, die Deutschland vorwarfen, einen lange geplanten Hasskrieg gegen die Welt zu führen. Das ließe schon die deutsche Literatur der Vergangenheit erkennen, schrieb er, denn sie sei: »... die Literatur des Teufels. Nicht ein freundliches Gefühl, nicht ein großzügiger Ausdruck ist darin zu finden. Sie ist geprägt von [...] wahllosem Hass und Neid auf alles außerhalb –

vor allem auf das Britische Empire.«[26] Kipling sagte im Juni 1915 in einer Rede über seine Arbeit: »Wie auch immer die Erde sich aufteilt, heute gibt es nur noch zwei Lager auf der Welt – Menschen und Deutsche. Und der Deutsche weiß es. Die Menschen haben ihn längst satt und alles, was mit ihm zusammenhängt, mit allem, was er tut, sagt, denkt oder glaubt. Von den Enden der Welt wünschen sich die Menschen nichts sehnlicher, als dass dieses unreine Ungeheuer aus der Mitgliedschaft und dem Gedächtnis der Nationen der Erde vertrieben wird.«[27]

Wie in den USA und Großbritannien wurde ebenfalls in anderen beteiligten Kriegsländern Propaganda über jene Stellen organisiert, die auch mit der Kriegsberichterstattung befasst waren. Die wichtigste zuständige Behörde in Frankreich hieß Maison de la Presse, in der sich Propagandisten ganze Fälscherwerkstätten einrichteten. In mühevoller Detailarbeit inszenierten hier eigens engagierte Künstler vermeintliche Tatorte, bauten und verstümmelten etwa Kinderpuppen, fotografierten die an ihnen angeblich verübten Gräueltaten und schickten Bilder davon anschließend gleich eine Etage tiefer zum Druck für die Zeitungen. In Deutschland existierte die Zentralstelle für Auslandsdienst, die von Matthias Erzberger, dem späteren Leiter der Waffenstillstandskommission von Compiègne, geführt wurde. Im Vergleich zur aufpeitschenden Methode der Entente-Mächte gestaltete sich die deutsche Pressepropaganda allerdings eher harmlos. Der Versuch, die Deutschland vorgeworfenen Gräueltaten zu widerlegen, ging einher mit Spott über die »Blödheit der Feinde«, der durchaus einen Bumerangeffekt aufzuweisen hatte, wenn es sich etwa darum handelte, nachzuweisen, dass die Behauptung, deutsche Soldaten würden belgische Kinder verspeisen, ein Gerücht sei. Außerdem versuchten Propagandisten des Kaiserreichs, das negative Image ihres Landes, das im Ausland durch die Aufdeckung tatsächlich von Deutschland verübter Kriegsverbrechen entstanden war, zu glätten, indem sie folglich die Vergehen der Entente-Mächte ebenfalls zu porträtieren begannen. Obwohl die deutsche Propaganda im Gesamten nie das Ausmaß der Brutalität britischer und amerikanischer Gräuelpropaganda erreichte, setzten die Propagandisten unter Kaiser Wilhelm II. ebenfalls auf unfaire Techniken wie etwa die *Stereotypisierung* ihrer Gegner. Auf Postkarten gemalte Klischees zeigten beispielsweise so dargestellte »raffgierige, imperialistische Briten« oder »betrunkene, ungebildete Russen«. In Reden sprachen Politiker kontinuierlich von »Feiglingen« *(Name Calling),* wenn sie den Gegner meinten. Die vermeintliche Überlegenheit einer deutschen Kulturnation sollte so unmissverständlich in die Welt hinausgetragen werden. Zentrale Themen der innerdeutschen Propaganda waren auf der anderen Seite *Appelle* an den Durchhaltewillen der eigenen Krieger oder die Bitte an die Bevölkerung, Kriegsanleihen aufzunehmen. Begleitet wurden diese Aufrufe häufig von patriotischen Plakaten, die einfache Soldaten und ihre Familien zeigten *(Transfer);* sie wurden auch durch gemeinsam gesungene Lieder unterstützt, die jeweils die Liebe zum »Vaterland« beschworen und Begriffe wie »Ehre«, »Freiheit« und »Kameradschaft« hochhielten *(Glittering Generality).* Da letztendlich viele verschiedene Stellen aus Politik und Militär Propagandaabteilungen bildeten, die nicht zusammenarbeiteten oder sogar miteinander konkurrieren mussten, kann man aufseiten Deutschlands während des Ersten Weltkriegs noch von keinem festen Propagandaministerium sprechen, das etwa zentrale Strategien verfolgt hätte. Auch das 1917 aus der militärischen Film- und Fotostelle des Auswärtigen Amtes hervorgegangene Bild- und Filmamt (BUFA) der Obersten Heeresleitung oder die 1918 ins Leben gerufene Vereinigte Presseabteilung der Reichsregierung schafften das zeitlich nicht mehr. Tatsächlich kolportierten Politiker nach Ende des Krieges, dieses Wirrwarr habe dazu beigetragen, dass die deutsche Propaganda im Gegensatz zu der professionalisierten amerikanischen und britischen keine nachhaltige Wirkung erzielen konnte. Ein Fehler, den man nicht noch einmal begehen wollte, und eine Erkenntnis, die letztendlich die Grundlagen für die Errichtung des Reichspropagandaministeriums der Nazis legte, das in puncto Propaganda an Effektivität und Grausamkeit bis heute unübertroffen bleibt.

Kriegsanlasslüge: RMS Lusitania

Eine historisch nachgewiesene *False-Flag*-Aktion, die den Ersten Weltkrieg ausgelöst hätte, existiert ebenso wenig wie eine universelle Anlasslüge, die in den Krieg geführt haben könnte; allerdings gibt es einige, möglicherweise kriegsanlassentscheidende Ungereimtheiten, die auf Manipulationen schließen lassen. Neben kaum ernst zu nehmenden Theorien über eine Inszenierung selbst des feststehenden Auslösers des Großen Krieges – das Attentat von Sarajewo, bei dem am 28. Juni 1914 der habsburgische Thronfolger Erzherzog Franz Ferdinand und seine Frau Sophie ermordet wurden – wird vor allem eine Verschwörungstheorie diskutiert, wonach der Grund für den Kriegseintritt der USA auf einer *False-Flag*-Operation beruhen solle: dem Untergang der *RMS Lusitania*.

Der von der Cunard Shipping Line betriebene britische Passagierdampfer *RMS Lusitania* wurde auf seiner Fahrt von New York nach Liverpool am 7. Mai 1915 vor der irischen Küste von einem U-Boot der kaiserlichen Marine versenkt. Nachdem die britische Seeblockade, mit der man die Deutschen aushungern wollte, einen bedrohlichen Rohstoff- und Lebensmittelmangel hervorgerufen hatte, entschloss sich die Marineführung im Februar 1915, den uneingeschränkten U-Boot-Krieg auszurufen.

Cartoon von William Allen Rogers, erschienen 1917 im New York Herald, *der den uneingeschränkten U-Boot-Krieg des Deutschen Reiches anprangerte.*

Um sich gegen die Übermacht der Royal Navy zur Wehr setzen zu können, vermochte das Deutsche Reich lediglich auf seine U-Boot-Waffe zu bauen und ließ daher verlautbaren, dass britische Schiffe, die das Mutterland mit Kriegsmaterial beliefern würden, ohne Warnung abgeschossen würden. Unter den 1198 größtenteils zivilen Opfern des Untergangs der Lusitania ließen 94 der 129 Kinder ihr Leben, darunter 35 der 39 Babys. Auch 128 der 159 mitgereisten amerikanischen Staatsangehörigen starben. US-Präsident Woodrow Wilson ließ die Katastrophe im Nachgang politisch in der Presse gekonnt ausschlachten und antideutsche Ressentiments schüren. Tatsächlich kann historisch gut belegt werden, dass erst im Anschluss an die Versenkung der Kriegswillen der bis dahin mehrheitlich pazifistisch eingestellten

US-Bevölkerung entfacht wurde und die Zahl der freiwilligen Meldungen zum Kriegsdienst rapide und kontinuierlich anstieg. Auf diese Weise konnten die USA, die sich zu Beginn des Krieges als neutral erklärt, aber Englands Kriegswirtschaft stets massiv unterstützt hatten, ohne größere zivile Proteste in den europäischen Konflikt eintreten, und ihr Präsident Woodrow Wilson verkündete am 12. April 1917: »Wir sind daher froh darüber, für den endgültigen Frieden der Welt und für die Befreiung ihrer Völker, des deutschen Volkes eingeschlossen, zu kämpfen: [...] Die Demokratie in der Welt muss gesichert werden.«

Laut Verschwörungstheorie soll eine von England provozierte *False-Flag*-Aktion hinter dem Untergang der Lusitania stecken, wonach das Schiff absichtlich auf Kurs des deutschen U-Bootes gelenkt worden sei. Während hierfür Beweise fehlen und die offiziellen Unterlagen, die im britischen Naval Intelligence Department liegen, immer noch geheim gehalten werden, ist heute zumindest belegt, dass dem Unglück Vertuschungen und zweifelhafte Entscheidungen vorausgegangen waren. Winston Churchills Drängen darauf, dass die USA an Großbritanniens Seite in den Krieg eintreten sollten, hatte in den ersten zehn Monaten des militärischen Konfliktes stetig zugenommen. Nach Kriegsende wurde bekannt, dass sich der damalige Marineminister in einem Brief an sein Handelsministerium dahingehend geäußert habe, dass man amerikanische Handelsschiffe an die britische Küste locken müsse, um die USA in den Krieg hineinzuziehen. Churchill und Roosevelt erklärten nach ihrer Versenkung durch *SM U20*, dass die Lusitania ein reines Passagierschiff gewesen sei und keine Munition für den Krieg transportiert habe. Tatsächlich hatte der Dampfer aber 4200 Munitionskisten geladen, von denen bis heute nicht ganz klar ist, was sie enthielten. Während die deutsche Admiralität von schweren Kriegswaffen sprach und daher die Lusitania als legitimes Kriegsziel ansehen wollte, gab man von britischer Seite lediglich Gewehrpatronen zu. Zollbehörden der USA listeten jedoch auch 1248 Kisten schwere Bewaffnung mit über 50 Tonnen Granaten auf, was nach dem Krieg ebenso bekannt werden sollte wie die Tatsache, dass die Lusitania offiziell als Hilfskriegsschiff geführt worden war – was die amerikanische Regierung bis dahin negiert hatte. In einem besonderen Fokus stand bei dem Unglück eine zweite Explosion, die das Schiff erst zum Sinken und den Tod der Zivilisten herbeigeführt haben sollte. Die Alliierten erklärten gemeinsam, dass diese von einem zweiten Torpedo ausgegangen sei, den *SM U20* abgefeuert habe, um absichtlich zivile Passagiere zu töten. Die deutsche Regierung hingegen beteuerte, dass kein zusätzliches Unterwassergeschoss eingesetzt worden sei, das auch unnötig gewesen wäre, um das Ziel der Manövrierunfähigkeit der Lusitania erreichen zu können. Allerdings hätte der Kapitän des U-Bootes, Walther Schwieger, im Wissen, dass Zivilisten an Bord waren, auch in einem solchen Falle vor dem Beschuss warnen müssen, was er nicht getan hatte. Nach dem Krieg wurde bekannt, dass sowohl der britische Nach-

Die Versenkung der Lusitania durch das deutsche U-Boot SM U20

richtendienst als auch das Kriegstagebuch von *SM U20* keinen zweiten Torpedo verzeichnet hatten und Großbritannien unmittelbar nach der Katastrophe auch genau darüber informiert gewesen war. Doch die Navy blieb bei ihrer Geschichte.

Heute bleiben zwei diskutierte Szenarien in Bezug auf die mysteriöse zweite Explosion übrig. Die meisten Historiker sind davon überzeugt, dass diese nur von der tonnenweise transportierten Munition, deren Existenz Churchill der britischen Bevölkerung vorenthalten hatte, ausgelöst worden sein könne. Andere halten auch eine Detonation durch aufgewirbelten Kohlenstaub im Inneren des Schiffes für möglich. Faktisch hatte die US-Regierung damals aber kein Interesse daran, zu prüfen, wie genau es zu dem Unglück gekommen war, sondern sie nutzte den Vorfall frühestmöglich, um vor der »Bösartigkeit der Deutschen« zu warnen, trotz des Umstandes, dass auch das Kaiserreich auf das Desaster reagiert hatte und danach den uneingeschränkten U-Boot-Krieg bis zum Februar 1917 einstellen ließ. Die Verschwörungstheorie beruht auf der Annahme, dass die USA zum Zeitpunkt des Unglücks längst bereit gewesen seien, in den Krieg einzutreten; deswegen hätten sie den Abschuss der Lusitania, der zu zivilen amerikanischen Opfern führte, zwar nicht gutgeheißen, aber in Kauf genommen – oder aber, dass die USA selbst von britischer Seite gelinkt worden wären. Dafür könnten mehrere zweifelhafte Entscheidungen sprechen, die im Vorfeld des Unglücks geschahen. So wurde seitens der Royal Navy zuvor der Kreuzer *Juno* vor der Küste abgezogen, der den Geleitschutz der Lusitania hätte übernehmen sollen. Außerdem wurde dem Passagierschiff, das ungewöhnlich viele Frauen und Kinder transportierte, nachträglich eine unsicherere Route rings um die Britischen Inseln zugewiesen, die Deutschland zum Kriegsgebiet erklärt hatte. Von amerikanischer Seite erscheint merkwürdig, dass man im Vorfeld der Dampferfahrt ein Bestreben der deutschen Botschaft abgelehnt hatte, in allen wichtigen Zeitungen des Landes auf eigene Kosten eine Anzeige zu schalten, die Reisende davor hätte warnen sollen, die Lusitania zu besteigen. Lediglich in der *Washington Times* erschien eine entsprechende Annonce, doch alle Gefahren wurden heruntergespielt. Auch wenn einige Autoren fest von der Annahme überzeugt sind, dass eine fingierte Aktion die Lusitania zur Versenkung gebracht habe, kann diese nicht angenommen werden, solange schlüssige Beweise dafür fehlen. Neben vielen Spekulationen darf allerdings als sicher gelten, dass es Verheimlichungen und auch einige Lügen von offizieller Seite gegeben hat. Das Unglück, das letztendlich nicht den direkten Kriegseintritt der Amerikaner bedeutete, wohl aber durch stetige propagandistische Ausnutzung in den Medien zu einem bedeutenden Stimmungsumschwung in der US-Bevölkerung führte, sollte den Kriegseintritt maßgeblich begünstigen und beschleunigen. Bis heute bleiben allerdings viele Fragen rund um das tragische Unglück offen. Zuletzt wurden 2014 Gerüchte nach der Veröffentlichung britischer Dokumente angeheizt, laut denen die Regierung 1982 davor gewarnt habe, Bergungsarbeiten zur Lusitania zu erlauben, weil man andernfalls buchstäblich explodieren würde.[28] Ausgerechnet nachdem irische Taucher im Jahr 1994 mehrere wasserdichte Kisten mit Gemälden von Monet, Rembrandt und anderen bedeutenden Künstlern im Wrack der Lusitania gefunden haben wollen, untersagte die britische Regierung strikt das Tauchen zur Schiffsruine, indem sie sie zur Kriegsgräberstätte erklären ließ.

Totale Vernichtung: der Zweite Weltkrieg 1939–1945

Zeitraum: *1. September 1939 bis 2. September 1945*
Teilnehmende Staaten: *27 (Achsenmächte gegen Alliierte)*
Streitgegenstand: *Deutsche und japanische Expansionsbestrebungen; Vormachtstellung in Europa und Asien*
Geschätzte Todesrate: *ca. 20 Millionen Soldaten, 50 Millionen Zivilisten*

Seit Bestehen der NSDAP galt Propaganda als das wichtigste Werkzeug für nahezu alle nationalsozialistischen Zielsetzungen. Sie ermöglichte den raschen Aufstieg der Partei, ihre Machtergreifung und Machtfestigung. Ihre vornehmliche Aufgabe war es, alle Bereiche des sozialen, kulturellen und wirtschaftlichen Lebens zu durchdringen und das gesamte Volk sich und ihrer Anschauung hörig zu machen. Meisterlich in Propagandakunst geschulte Rhetoriker bereiteten den Krieg vor und hielten ihn bis zum bitteren Ende am Laufen. NS-Propaganda bildete auch die Grundlage für die Ausgrenzung und Verfolgung und schließlich den Massenmord an den Juden. Sie verwendete Lügen und falsche Behauptungen, griff Legenden auf und verfälschte die Geschichte. Dabei war den Nazis durchaus von Anfang an bewusst, dass sie mit ihrer radikalen Ideologie nur die wenigsten Deutschen wirklich überzeugen konnten. Dafür aber täuschten sie die meisten, bedrohten fast alle und entledigten sich schließlich all derer, die ihnen im Weg standen. Um ihr mächtigstes Werkzeug bis zum Äußersten ein- und umzusetzen, bedurfte es einer fundierten Organisation und Steuerung sämtlicher Propagandakommunikation, deren Basis die Gründung des Reichsministeriums für Volksaufklärung und Propaganda (RMVP) am 13. März 1933 verankerte. Mit der Leitung wurde der damals dreißigjährige Joseph

Goebbels – schon seit 1930 Propagandaleiter der NSDAP – betraut. Gleich bei seiner Antrittsrede formulierte er die Ziele des neuen Ministeriums:

Von hier aus müssen die großen Impulse kommen. Es gibt zwei Arten, eine Revolution zu machen. Man kann einmal den Gegner so lange mit Maschinengewehren zusammenschießen, bis er die Überlegenheit dessen anerkennt, der im Besitze der Maschinengewehre ist. Dies ist der einfachere Weg. Man kann aber auch durch eine Revolution des Geistes die Nation umgestalten und damit den Gegner nicht vernichten, sondern auch gewinnen [...] Das ganze Volk dem neuen Staat zu gewinnen wird unsere vornehmste Aufgabe in diesem Ministerium sein.[29]

Zu den wichtigsten Aufgaben des RMVP zählte es, über alle Informationen, die mittels sämtlicher vorhandenen Medien in die Öffentlichkeit getragen werden, selbst zu bestimmen sowie alle Bereiche des gesellschaftlichen Lebens propagandistisch zu erfassen. Die Bandbreite dafür zeigt ein kleiner Ausschnitt aus einem Geschäftsbericht des RMVP: »Volkspolitische Ausrichtung des deutschen Volkes, Geschmacksbildung, Modebestimmung gehören ebenso zu ihren [gemeint ist die Propagandaabteilung] Aufgaben wie die Mitgliedschaft im Reichsvollkornbrotausschuss oder die Beschäftigung mit Impfgegnern, Ernährungslenkung, Geburtenbewegung oder Rassenpflege.«[30]

Eine bedeutende Aufgabe der nationalsozialistischen Propaganda bestand darin, einen übersteigerten Führerkult zu erzeugen und aufrechtzuerhalten. Das Führerprinzip sollte absoluten Gehorsam für jedermann vermitteln und Hitler als uneingeschränkten Staatslenker präsentieren, an dessen Fähigkeiten niemand zweifeln durfte. Gleichzeitig sollte die sogenannte Volksgemeinschaft als einzig legitime Lebensführung verinnerlicht werden. Die Deutschen unter dem Hakenkreuz sollten sich als elitäre Gruppe begreifen, die aus »rassisch-biologischem Erbe« zu Höherem bestimmt sei; sie als Mitglieder dieses »Herrenvolkes« hätten sie die Pflicht zu Gehorsam. Vornehmliches Ziel der ab 1939 einsetzenden Kriegspropaganda der Nazis sollte es zunächst sein, die längst beschlossenen, aber vor der Bevölkerung verheimlichten Kriegspläne von vornherein zu rechtfertigen und als Befreiungsschlag zu verkaufen. Den Verursacher für einen möglichen Krieg gab Hitler unmissverständlich, quasi präventiv, in seiner Berliner Reichstagsrede am 30. Januar 1939 schon bekannt: »das internationale Finanzjudentum«, in dem er die größte Bedrohung des »Arischen« sah. Seine eigentlichen Ziele für den Krieg lagen dagegen vornehmlich in Hitlers Wahn begründet, für die »überlegene arische Rasse« Lebensraum im Osten zu schaffen. Nach Ausbruch des Krieges sollten alle gleichgeschalteten Medien die neuesten Meldungen aus dem Kriegsgeschehen im Sinne der Machthaber dokumentieren und der Propagandakrieg in Absprache zwischen Goebbels und dem Oberkommando der Wehrmacht (OKW) als ein gleichrangiges Kriegsmittel zum traditionellen Waffenkrieg dienen.

Für die Kriegsberichterstattung wurde erstmals eine neue, dem OKW unterstellte Truppengattung geschaffen. Die etwa 2000 Journalisten und Medienschaffende dieser sogenannten Propagandakompanien, die auch an den Waffen ausgebildet wurden, lieferten bis Kriegsende über 1,5 Millionen Fotos und über 5,5 Millionen hochprofessionelle Filmberichte – teilweise erstmals in Farbe –, die nach gründlicher Zensur auch an internationale Agenturen verkauft wurden. Bilder im *Völkischen Beobachter*, Kommentare über den Volksempfänger sowie Szenen im wichtigsten Propagandainstrument des Krieges, der deutschen Wochenschau, vermittelten in den ersten Kriegsjahren vom Blitzkrieg in Polen über den gesamten Westfeldzug bis zum glorreichen Einmarsch in Paris das Bild eines grenzenlosen Triumphes, für den Hitler durch die Kamera als Garant des Erfolges stilisiert wurde. Nachrichten über Niederlagen gab es in der nationalsozialistischen Presse genauso wenig wie Bilder gefallener Wehrmachtssoldaten. Deutsche Truppen hatten immer heroisch zu kämpfen und durften auch nur so dargestellt werden *(Ästhetisierung).* Deutschlands Kriegsgegner hingegen wurden in der NS-Presse propagandistisch zum »Inbegriff des Bösen« stilisiert und ihr Agieren gegen das Deutsche Reich immer wieder mit der Unterwanderung von angeblich nach Weltherrschaft strebenden Juden innerhalb ihrer Regierungen und Wirtschaftssysteme begründet. In England sollten es die korrupten »Börsenjuden« gewesen sein, die hinter allem steckten, in den USA die »arroganten jüdischen Kapitalisten« und in Russland die »jüdischen Bolschewisten«.

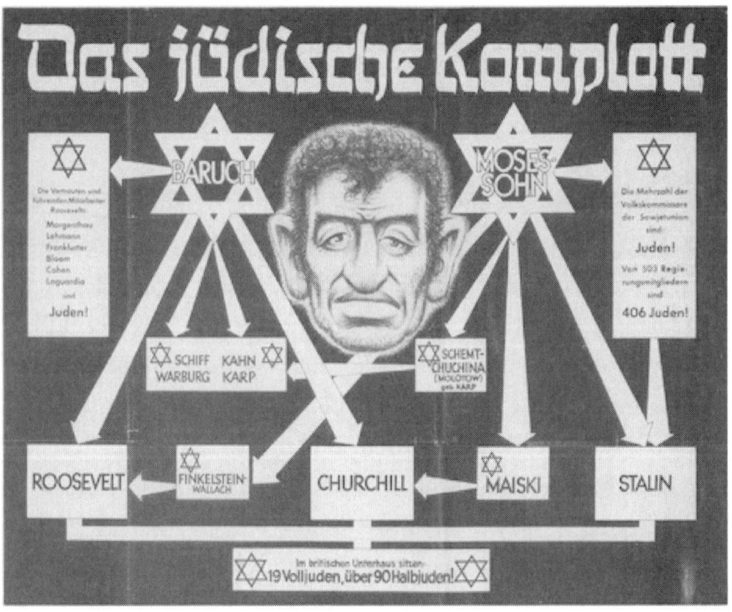

Nazipropaganda gegen das »Weltjudentum«

Der Antisemitismus in den nationalsozialistischen Reden war manichäistisch ausgerichtet und immer in strikter Abgrenzung zum »guten Arischen« geformt. Rhetorisch bediente sich die Nazi-Sprache sämtlicher Appelle: Ihre Rassenlehre konnten die Nationalsozialisten selbst nie beweisen *(ad ignorantiam),* sie beriefen sich auf ein Tausendjähriges Reich *(ad traditionem),* auf Alternativlosigkeit, da die Juden ihr Unglück seien *(ad necessitatem)* oder formulierten altruistische *Appelle,* indem sie vorgaben, Juden und andere Minderheiten müssten ausgesondert werden, um Schutz und Fürsorge für den deutschen Volkskörper betreiben zu können *(ad misericordiam).*

Das größte antisemitische Presseerzeugnis, *Der Stürmer,* griff den Krieg daher als willkommenes Mittel auf, um gegen das »Weltjudentum« zu hetzen: »Die in Neudorf [New York] erscheinende jüdische Zeitung The American Hebrew schreibt […]: ›Es ist die eiskalte nackte Tatsache, dass die Juden der ganzen Welt Krieg führen.‹ Damit wird von den Juden bestätigt, was der Stürmer schon immer gesagt hat: der Erbfeind der Menschheit sind die Juden.«[31]

Während Hitler und Goebbels mit ihren Propagemen die gleichen Ziele verfolgten, unterschieden sich ihre Ansichten bei der Wahl der jeweiligen Propagandaform teils erheblich. Der Führer, der 1924 der Macht der Propagandamethode bereits zwei Kapitel in seinem Buch *Mein Kampf* gewidmet hatte, setzte ganz auf die unverschleierte direkte Form, die er als Notwendigkeit zur Unterstützung seiner Politik verstand. Der Rede vor Publikum räumte er immer die größte Strahlkraft ein. Und tatsächlich: Während sich die Deutschen kaum für seine in *Mein Kampf* schriftlich verfassten Vorstellungen über die Organisation eines totalitären Staates interessierten, seine Ausführungen als langatmig, seinen

Schreibstil als langweilig empfanden, wusste Hitler vor Publikum umso mehr zu überzeugen. Es waren seine ausgefeilte Redekunst, seine ekstatische Rhetorik, sein hysterisches Geschrei, sein penibel einstudiertes Pathos, mit denen er es leidenschaftlich verstand, seine Zuhörer emotional zu ergreifen und zu faszinieren. Er wollte kein intellektuelles Publikum ansprechen, sondern zielte stets auf die große Masse ab, die er aufwiegeln und innerhalb der er Fanatismus erzeugen wollte. Propaganda sollte nach seinem Verständnis jedem Einzelnen verständlich und zugänglich sein *(Plain Folks):* »Jede Propaganda hat volkstümlich zu sein und ihr geistiges Niveau einzustellen nach der Aufnahmefähigkeit des Beschränktesten unter denen, an die sie sich zu richten gedenkt. Dass dies von unseren Neunmalklugen nicht begriffen wird, beweist nur deren Denkfaulheit oder Einbildung.«[32]

Hitler forderte die bedingungslose Loyalität und Hörigkeit des gesamten Volkes gegenüber seiner Person ein. Er war wohl selbst so fest von der Richtigkeit seiner Idee überzeugt, dass er es in Kauf nahm, für seine Sache zu täuschen, zu manipulieren, falsche Versprechungen zu machen, zu drohen, zu morden und Krieg zu führen. Auch Joseph Goebbels, dessen Berufsziel eigentlich Journalist gewesen war, erwies sich als glänzender Redner. Er liebte das gesprochene Wort und überzeugte propagandistisch vor allem durch große *Appelle* an Vaterlandsliebe und Opferbereitschaft, die er zwischen seinen menschenverachtenden Inhalten immer wieder aufblitzen ließ. Für ihn existierten nur Helden und Schurken, Liebe und Hass, Krieg oder Frieden und nichts dazwischen. In seinen emotional aufgeladenen Reden wirkte der gebürtige Rheinländer und Doktor der Literaturgeschichte noch direkter, bedrohlicher und totaler als sein Führer, doch anders als dieser schätzte und wünschte er sich insbesondere für sein Steckenpferd – die Spielfilmproduktionen – daneben auch die indirekte Propagandamethode, die nicht durch die Berauschtheit der

Masse griff, sondern nachhaltig und unterbewusst in jedem Einzelnen zur Wirkung kommen sollte. Immer wieder erklärte er vor Mitgliedern der Reichskulturkammer den besonderen Effekt seiner Täuschungsmethode, die nur auf Erfolg ausgerichtet sein sollte: »Das ist ja das Geheimnis der Propaganda, den, den die Propaganda erfassen will, ganz mit den Ideen der Propaganda zu durchtränken, ohne dass er überhaupt merkt, dass er durchtränkt wird. Selbstverständlich hat die Propaganda eine Absicht. Aber die Absicht muss so klug und so virtuos kaschiert sein, dass der, der von dieser Absicht erfüllt werden soll, das überhaupt nicht bemerkt.«[33]

Im Zentrum britischer und amerikanischer Kriegspropaganda des Zweiten Weltkriegs stand neben dem Hervorheben eigener militärischer Erfolge das Aufklären über deutsche Gräueltaten. Häufig wurde in Presse, Rundfunk und Film die Person Hitler verspottet. Für die Organisation der US-Propaganda ließ Präsident Roosevelt am 13. Juni 1942 mit dem Office of War Information (OWI) eine zentrale Behörde ins Leben rufen, um die Bevölkerung nach dem Kriegseintritt seines Landes am 11. Dezember 1941 infolge des japanischen Angriffs auf Pearl Harbor über das aktuellen Kriegsgeschehen in Europa und Asien zu informieren. Das OWI produzierte zu diesem Zweck Zeitschriften, Radiosendungen und Wochenschauen, die die eigene militärische Überlegenheit propagierten und über Kriegsgegner und ihre Vergehen informierten. In Kooperation mit Hollywood ließ man einige Kinofilme über den Krieg produzieren, die die Bevölkerung anhand tapfer kämpfender »Freiheitstruppen« in US-Uniform auf ein operatives Einschreiten der USA in Europa vorbereiten sollten. Besonders beliebt war in allen Medienformaten der Spott bezogen auf die Person Adolf Hitler. Außerdem koordinierte das OWI die amerikanische Flugblattpropaganda. Auf vielen Millionen über Japan, Nordafrika und ab 1943 auch über Deutschland abgeworfenen Flugblättern wollte man die feindlichen Soldaten zunächst noch ohne Einsatz der verheerenden Bomben davon überzeugen, dass sie für einen Tyrannen kämpften und die Waffen niederlegen sollten. Dabei waren die US-Propagandastrategen – viele kamen aus der Werbebranche – durchaus einfallsreich und verbanden kleine Geschenke mit einer eindeutigen Botschaft. Beispielsweise warfen sie über Deutschland mit US-Flagge gezierte Schächtelchen ab, die Seifenpapier nebst einer Information darüber enthielten, dass sich die Finder damit den Nazischmutz abwaschen und auf die Befreiung durch ihre amerikanischen Freunde warten sollten. An über feindlichen Städten abgeworfenen Nähzeug-Nadelkissen in Form eines menschlichen Hinterteils waren Bilder der Köpfe von wahlweise Adolf Hitler oder dem japanischen General Hideki Tōjō angebracht. Ähnlich zynische Strategien wendete in den letzten Kriegsjahren auch die britische Kriegspropaganda an, die vom 1940 wieder ins Leben gerufenen Ministry of Information organisiert wurde. Da sich zwischen den Kriegen in der britischen Gesellschaft ein Bewusstsein dafür ausgebildet hatte, dass es sich bei der Gräuelpropaganda des Ersten Weltkriegs mehrheitlich um Erfindungen gehandelt hatte, wich man nach Wutkampagnen und Aufrufen zur Bildung einer Heimatwehr, die im Zuge der Luftschlacht dominant gewesen waren, mehr und mehr auf den englischen Humor aus. In Wochenschauen, Radiobeiträgen, Filmen oder Comics war die satirische Verspottung der Deutschen omnipräsent, auch um das eigene Volk bei Laune zu halten. Ganz humorlos verließ sich Großbritanniens Strategie zur Demoralisierung des Feindes ab 1942 sowieso auf das Moral Bombing, das Töten von Zivilisten durch Flächenbombardements, in der Hoffnung, das deutsche Volk lehne sich dadurch gegen seinen Führer auf.

Desinformation ist ein propagandistisches Mittel, das heute von allen kriegführenden Staaten verwendet wird. Dass wir den Begriff aber in seiner jetzigen methodischen Bedeutung verstehen, geht vermutlich auf die russische Wortschöpfung *Dezinformatsiya* zurück – wie sich eine Propagandaabteilung des KGB in den 1960er-Jahren bezeichnet hatte. Tatsächlich kann man in der Täuschungsstrategie *Desinformation* eine traditionell gewachsene Spezialität russischer Kriegsführung und Staatslenkung ausmachen. Weitestgehend unbemerkt von den westlichen Staaten, hatten sich in den 1920er-Jahren auch Wissenschaftler in Moskau intensiv mit Propagandatechniken zur politischen Beeinflussung beschäftigt und für ihre praktische Anwendung innerhalb des Zentralkomitees der Kommunistischen Partei die Abteilung für Agitation und Propaganda (Agitprop) installiert, von der sich auch Goebbels beim Aufbau seines RMVP inspirieren ließ. Das Geheime Zusatzprotokoll des am 23. August 1939 unterzeichneten Hitler-Stalin-Paktes, in dem die Sowjetunion und Deutschland verabredeten, gemeinsam Polen zu überfallen, und darüber die ganze Welt hinwegtäuschen konnten, ist ein Paradebeispiel für Kriegsführung durch Desinformation wie auch der zustande gekommene Bund zwischen den beiden Staaten überhaupt. Sowohl die sowjetische Bevölkerung als auch die deutsche vermochten damals kaum zu glauben, dass sich ihre bis dahin gegenseitig als Todfeinde bekennenden Machthaber für sie Hals über Kopf verbrüderten und in beiden Ländern schlagartig wechselseitige Ressentiments aus der Hasspropaganda gestrichen wurden. Freilich schlug alles ins Gegenteil um, nachdem erneut gänzlich überraschend für die Bevölkerungen beider Länder Hitler am 22. Juni 1941 den Überfall auf die Sowjetunion startete. Das bedeutete nicht nur den Beginn eines blutigen Vergleichs traditioneller Waffen, sondern auch den zweier sich ähnelnder Propagandaformen, denen es eingebettet in wiederum zwei mörderischen Ideologien gelang, sowohl die Erzeugung von Hass als auch die Methode der Desinformation auf ein ganz neues und professionelleres Level zu katapultieren.

Stalin ließ für die Organisation zur Propagierung seines »Großen Vaterländischen Krieges« das Sowjetische Informationsbüro (SIB)[34] einrichten, das nach bewährtem Prinzip vorging: eigene Erfolge übertreiben, Niederlagen herunterspielen oder verheimlichen. Dem SIB gelang darüber hinaus eine Reihe den Kriegsverlauf wegweisend beeinflussende Täuschungsmanöver. Zu den bekanntesten gehört die Umdeutung des Massakers von Katyn, bei dem Angehörige des sowjetischen Volkskommissariats für innere Angelegenheiten (NKWD) zwischen 3. April und 11. Mai 1940 in einem Wald bei Katyn, einem Dorf ca. 30 Kilometer westlich von Smolensk, über 4400 polnische Offiziere und Intellektuelle hinrichteten. Nachdem die Geheime Feldpolizei der Wehrmacht im Sommer 1942 die Gräber entdeckt hatte, ließ die Naziführung zu eigenen Propagandazwecken des Beweises einer »Tat von Untermenschen« den Massenmord am 13. April 1943 über das Deutsche Nachrichtenbüro (DNB) vermelden. Im Angesicht des Entsetzens in aller Welt entwarf das SIB ein Verschwörungsszenario, bezichtigte Deutschland der Verleumdung und erklärte, dass das Hitler-Regime die Morde begangen habe. Die Weltgemeinschaft glaubte der Sowjetunion, die bis 1990 an der Lüge festhielt und erst dann das Massaker als Verbrechen Stalins anerkannte.

Während die Appelle des SIB an die Soldaten der Wehrmacht hauptsächlich auf ihren Gerechtigkeitssinn aufgrund des illegal begonnenen Krieges abzielten, sollten die Sowjetsoldaten über millionenfach an die Armee herausgegebene Propagandamaterialien, die mithilfe grausamer Bilder faktische oder gefälschte Verbrechen der Wehrmacht an Sowjetbürgern darstellten, beeinflusst werden. Tatsächlich waren es aber Meldungen über Siege und

Triumphe, die den größten Effekt auf die Kampfmoral der eigenen Krieger erzeugten. Für die Soldaten der Roten Armee wie auch für die einfachen Bürger des Sowjetreiches war die russische Kriegspropaganda überragend geprägt von der Stimme des Nachrichtensprechers Juri Lewitan, der seine tägliche Berichterstattung im Radio stets mit den Worten »Achtung, hier spricht Moskau« begann. Für Stalin war der Propagandist Gold wert, weil er sich wie kein zweiter darin verstand, mit stark emotionalisierten Ansprachen die Soldaten der Roten Armee zu Höchstleistungen zu motivieren. Der Sowjetmarschall Konstantin Rokossowski sagte über Lewitan, er sei für die Kriegsführung mindestens eine ganze Division wert. Lewitans Einfluss auf das Kampfverhalten entging natürlich auch den Nazis nicht. Hitler sah ihn als »Reichsfeind Nummer 1«, und Goebbels ließ ein Kopfgeld von 250 000 Reichsmark auf den Radiosprecher aussetzen. SS-Kommandos erhielten den Auftrag, ihn zu liquidieren.

Obwohl historisch unzureichend erforscht ist, inwieweit Rundfunkpropaganda den Verlauf des Zweiten Weltkriegs richtungsweisend beeinflussen konnte, muss man für alle kriegführenden Staaten das damals schnellste Massenmedium Radio als eines der wichtigen Werkzeuge einer auf Täuschung des Gegners ausgelegten Propaganda hervorheben. Während ab dem 1. September 1939 das Hören feindlicher Sender im Deutschen Reich gesetzlich unter Strafe gestellt wurde – das Strafmaß reichte von 9 bis 25 Monate Zuchthaus, oder in einigen Fällen wurde sogar die Todesstrafe verhängt –, wussten die Briten gleichermaßen, dass deutsche Zivilisten heimlich weiter BBC hörten. Den Umstand nutzten sie, um intendiert *Weiße Propaganda* betreiben zu können. Über ein eigens geschaffenes deutsches Format wandten sich die Moderatoren mit der Begrüßung »Hier ist England« direkt an die Reichsbürger. Auch Thomas Mann steuerte insgesamt 55 Ansprachen für das Programm bei, das außerdem mit unterhaltsamen

Hörspielen und Kabarettprogrammen *Fans* in Deutschland fand. Beliebt waren etwa die bissigen Pointen der »Berliner Wäscherin« Frau Wernicke, die Café-Gespräche zwischen »Oberstudienrat« Kurt und »NS-Propagandist« Willi oder die »Briefe des Gefreiten Hirnschal an seine Frau in Zwiefelsdorf«. Eine effektive Täuschungsmethode für *Schwarze Propaganda* hingegen fanden Briten in der Installation von Propagandasendern, die als Tarnsender fungierten, in der Sprache des Feindes sendeten und vortäuschten, authentisch und besonders patriotisch zu sein. Einer der bedeutendsten lief unter dem Decknamen Gustav Siegfried 1, der als Organ einer deutschen Widerstandsgruppe ausgegeben wurde und zwischen Mai 1941 und November 1943 insgesamt 693 Propagandasendungen für das Publikum in HitlerDeutschland produzierte. Um nicht aufzufallen, durften der Führer und andere Nazigrößen im Programm nie direkt angegriffen werden, dafür Parteifunktionäre der unteren Ebenen umso mehr. Ziel einiger Sendungen war es, eine unter vorgehaltener Hand real existierende Kluft zwischen den in entsprechenden Sendungen deswegen immer gut dargestellten deutschen Soldaten und den stets niederträchtigen Parteibonzen anzuheizen. Der Soldatensender Calais, der von Oktober 1943 bis April 1945 auf Sendung war, täuschte vor, offizieller Wehrmachtssender zu sein, und streute so geschickt Propagandainhalte zwischen reguläre Wehrmachtsberichte ein, dass er selbst Goebbels Kopfzerbrechen bereitete. Die Redakteure fand man in deutschen Kriegsgefangenen, die mit einem bunten Programm aus aktueller und beliebter Musik Hörer anlockten und dazwischen Moral zersetzende Inhalte einstreuten. So haben zum Beispiel deutsche Frauen viele schlaflose Nächte verbracht, nachdem sie im Programm von einer angeblich in Kinderverschickungslagern grassierenden tödlichen Epidemie erfahren hatten. Die Amerikaner betrieben mit ihrem Sender 1212 zwischen Dezember 1944 und April 1945 ein vergleichbares Format, wollten mittels

Desinformation deutsche Soldaten vom Aufgeben oder Desertieren überzeugen und erfanden dafür ganze Widerstandseinheiten und komplexe Operationen.

Auch das Deutsche Reich konnte die Beeinflussung von Zivilisten und Soldaten befeindeter Länder nicht vernachlässigen. Das RMVP sendete Formate in 55 Sprachen. Der Sender Germany Calling, der ab 1940 täglich unter gleichnamiger Begrüßung Briten und Amerikaner ansprach, erreichte bisweilen sogar Kultstatus. Neben der dargebotenen Jazz- und Swingmusik schätzten die ca. sechs Millionen regelmäßigen und 18 Millionen gelegentlichen englischsprachigen Hörer aber weniger die eingestreuten Propagandabotschaften und Fake News als vielmehr das Angebot, dass der Sender Grüße von Kriegsgefangenen nach Hause schicken ließ. Zu seiner Sendezeit lauschten etwa 25 Prozent der britischen Radiohörer dem Programm des für Germany Calling eingesetzten Kollaborateurs William Joyce alias Lord Haw Haw und fanden teilweise auch Gefallen an dem Sarkasmus, mit dem er über ihre Politiker spottete, obwohl dieser seiner Verehrung für Hitler, der ihn 1944 mit dem Kriegsverdienstkreuz ausgezeichnet hatte, freien Lauf ließ. Neben dem Unterhaltungswert, den der Lord bot, versuchten die Hörer aber vor allem auch die deutsche Sicht auf den Kriegsverlauf aus der Sendung herauszuhören. 1946 wurde der gebürtige Ire Joyce, der bereits vor dem Krieg einer faschistischen Gruppe in London angehört hatte, in England für seine Propagandaarbeit in Diensten der Nazis wegen Hochverrates hingerichtet – nachdem er seinen Brief mit den letzten Worten an seine Frau mit »Sieg Heil! Sieg Heil! Sieg Heil!« beendet hatte.

Die von Goebbels eingerichteten deutschen Tarnsender hingegen sollten die Briten durch *Schwarze Propaganda* täuschen und beeinflussen. Der Sender New British Broadcasting Station gab sich als englisches Original aus, während Radio Caledonia seine

Sendungen stets mit dem schottischen Neujahrslied *Auld Lang Syne* begann und damit versuchte, einen Keil zwischen Schotten und Engländer zu treiben. Um authentisch zu wirken, legte Goebbels Wert darauf, dass seine Tarnsender genügend Hetze gegen die Nazis abwarfen, aber subtil auch Angst vor der deutschen Stärke verbreiteten.

Die sowjetische Rundfunkpropaganda wiederum verstand sich meisterlich darin, Störsender zu betreiben. Die prototypischen »Vierzigerjahre-Hacker« von Radio Moskau mischten sich in laufende deutsche Radiosendungen ein und überlagerten dort mittels neuester Technik das Programm mit sogenannten Geisterstimmen – die bekannteste unter ihnen nannte sich Iwan der Schreckliche –, um vor allem dem Publikum einen Schrecken einzujagen. Der Effekt zielte darauf ab, dass die verzerrten Stimmen von dafür eingesetzten deutschen Kriegsgefangenen, die wie direkt aus dem Jenseits zu kommen schienen und davor warnten, der Nazipropaganda Glauben zu schenken, Hörer an ihre in Russland vermissten Angehörigen erinnern sollten. Besonders schaurig für die Zuhörer – weil ihnen diese Technik gänzlich unvertraut war – gestaltete sich eine Methode, bei der »sowjetische Geister« die herausgegebenen Meldungen der deutschen Moderatoren live kommentierten. Allerdings war die Erzeugung dieses Gruseleffektes aufgrund der Brisanz der direkten Übertragung nur ausgewählten Gefangenen vorbehalten, die sich voll mit dem Kommunismus identifizierten. Tatsächlich hatte es diese Methode nicht primär auf die Vermittlung propagandistischer Inhalte abgesehen, sondern sollte Angst und Schrecken verbreiten, wenn auch wohl die wenigsten deutschen Hörer angenommen hatten, es hätte sich um echte Geister handeln können, die zu ihnen gesprochen hatten. Vielmehr waren sie über die dadurch intendiert vermittelte Assoziation erschrocken, dass die Sowjetunion in technischen Belangen – entgegen kontinuierlich gegenteiliger

Behauptung – dem Deutschen Reich doch überlegen sein könnte, wenn ihr schon solcher Spuk gelänge.

Kriegsanlasslüge: Unternehmen Tannenberg

Die Geschichte des Zweiten Weltkriegs steckt voller Verschwörungsideologien, Verschwörungstheorien und auch echten Verschwörungen. Um den Angriff auf Polen, der in die Katastrophe hineinführte und dem monatelange politische Spannungen zwischen beiden Ländern vorausgegangen waren, vor seinem Volk und der Weltöffentlichkeit in letzter Instanz legitimieren zu können, stützte sich Hitler auf eine Reihe von Provokationen, die die SS in der Nacht auf den 1. September 1939 an der polnischen Grenze zu diesem Zwecke fingieren ließ. Die bekannteste darunter, der Überfall auf den deutschen Radiosender Gleiwitz, erhielt den Tarnnamen Tannenberg und kann heute als die berüchtigtste *False-Flag*-Operation der Geschichte gelten. Die Organisation der Geheimoperation übertrug Reinhard Heydrich dem SS-Sturmbannführer Alfred Naujocks. Nachdem der SD-Chef diesem am Nachmittag des 31. August 1939 den Code »Großmutter ist gestorben« telefonisch übermittelt hatte, drang Naujocks mit fünf schwer bewaffneten SD-Leuten, verkleidet als polnische Freischärler, gegen 20 Uhr in das mit Stacheldraht geschützte Gebäude an der Tarnowitzer Landstraße ein, ließ die Beschäftigten im Keller einsperren und die Marschmusik der laufenden Sendung um 20:12 Uhr unterbrechen. In beiden Sprachen hetzte ein engagierter Dolmetscher über ein Mikrofon gegen Deutschland, gab bekannt, dass der Sender in polnischer Hand sei, und rief alle Polen zu Sabotageakten auf. Um noch authentischer zu wirken, feuerte Naujocks während der Übertragung mehrfach seine Pistole ab. Zeitgleich postierte die Gestapo die Leiche des für die Aktion am Tag zuvor verhafteten polnischen Nationalisten Franciszek Honiok auf dem Gelände des Senders, um ihn als Beweis für den Freischärler-Angriff präsentieren zu können. Etwa zwei Stunden nach der als Geheime Reichssache eingestuften Sonderoperation berichteten deutsche Radiosender zum ersten Mal über den Überfall, den Hitler am Tag darauf neben weiteren Grenzzwischenfällen in seiner ebenfalls per Rundfunk verbreiteten Kriegserklärung der Reichsregierung vor dem deutschen Reichstag am 1. September 1939 als Grund dafür anführte, warum »ab 5:45 Uhr zurückgeschossen« werde. Nicht ohne *ad temperantiam* zu betonen, dass er selbst bereit sei, Polen weiterhin entgegenzukommen: »Ich bin entschlossen, dafür zu sorgen, dass im Verhältnis Deutschlands zu Polen eine Wendung eintritt, die ein friedliches Zusammenleben sicherstellt.«

Der fingierte Anschlag auf den Radiosender Gleiwitz durch die SS am 31. August 1939 gilt heute als eine der berüchtigtsten False-Flag-Operationen.

In rechtsextremistischer Propaganda, die sich auf revisionistische Publikationen zum Ausbruch des Zweiten Weltkriegs stützt, ist später versucht worden, die Gleiwitz-Inszenierung als doppelte *False-Flag* umzudeuten. So sei verwunderlich, dass Hitler nie namentlich auf den Überfall, zu dessen Befehl und Ausführung keine schriftlichen Dokumente auffindbar waren, Bezug genommen habe und diesen auch kaum gebraucht hätte, da genügend tatsächliche Grenzprovokationen seitens Polen existiert hätten, die man als Kriegsgrund hätte hernehmen können. Außerdem hätten andere angeführte Zeugen, die kurz nach dem Überfall am Sender gewesen seien, alles normal vorgefunden, und es erscheine überdies unglaubwürdig, dass Naujocks, auf dessen eidesstattliche Aussage die bekannten Fakten ausschließlich basierten, nie wegen dieses Verbrechens angeklagt worden sei.[35] Naujocks ist nach einer Flucht aus amerikanischer Gefangenschaft 1947 an Dänemark ausgeliefert worden, wo er wegen der Ermordung dänischer Widerstandskämpfer, der er sich im späteren Kriegsverlauf schuldig gemacht hatte, verurteilt wurde und dafür drei Jahre in Haft verbrachte.

Amerikanisches Trauma: der Vietnamkrieg 1955–1975

Zeitraum: *1. November 1955 bis 30. April 1975*
Teilnehmende Staaten: *7 (Nordvietnam und Vietcong gegen Südvietnam, USA und Verbündete)*
Streitgegenstand: *Angriff Nordvietnams auf Südvietnam; Stellvertreterkrieg der Großmächte USA und China*
Geschätzte Todesrate: *ca. 1 Million Soldaten (58 200 US-Amerikaner), 350 000 vietnamesische Zivilisten*

Während sich der Zweite Weltkrieg in der amerikanischen Erinnerungskultur als einziger gerechter Krieg, den die USA je geführt haben, eingebrannt hat, und bei dem aufgrund der Befreiung vom Naziregime auch in europäischen Geschichtsbüchern über wirtschaftliche Profite und Kriegsverbrechen der US-Beteiligung wohlwollend hinweggesehen wird, steht der Vietnamkrieg für ein totales Desaster amerikanischer Kriegsführung und als anhaltendes nationales Trauma. Der längste Krieg der USA, gleichzeitig einer, in dem mehr Bomben abgeworfen wurden als während des gesamten Zweiten Weltkriegs zusammen, wartet mit vielen Rekorden und Namen auf. Nach dem Ende des Indochinakrieges und der französischen Kolonialherrschaft 1954 wurde Vietnam aufgrund entsprechender Beschlüsse der Genfer Indochinakonferenz geteilt. Im Norden entstand die kommunistische Demokratische Republik Vietnam unter Führung von Ho Chi Minh, der sich als oberstes Ziel die schnelle Wiedervereinigung der getrennten Staaten gesetzt hatte. Das zu verhindern, schrieb sich die von den USA mit Geld und Waffen geförderte Republik Vietnam, die aus dem Süden des Landes hervorgegangen war, auf die Fahnen. Unter dem katholischen Staatspräsidenten Ngô Đình Diệm, der mithilfe der CIA an die Macht gehievt worden war, entstand allerdings ein diktatorisches Regime, in dem die buddhistische Minderheit brutal unterdrückt wurde, sodass sich ein neuer langer Bürgerkrieg entwickeln musste. Die Nationale Front für die Befreiung Südvietnams (auch Vietcong genannt), in der die Kommunistische Partei die Führung innehatte, verbündete sich mit dem von China und der Sowjetunion unterstützten Nordvietnam, um das Diệm-Regime zu stürzen. Da die USA einen Dominoeffekt in Hinterindien befürchteten, traten sie 1964 als selbst ernannte Schutzmacht gegen den sich ausbreitenden asiatischen Kommunismus militärisch an der Seite Südvietnams in den Konflikt ein, der sich nicht nur zu einem Stellvertreterkrieg mit vielen Millionen Toten entwickeln sollte, sondern auch zum ersten Krieg ohne Zensur der westlichen Kriegsberichterstattung. Da genau dieser Umstand maßgeblich zur Niederlage der USA beitrug, hat es bis heute Vergleichbares nie wieder gegeben. Zu Beginn des Vietnamkrieges herrschte tatsächlich ein nahezu vertrauensvolles Verhältnis zwischen amerikanischer Regierung und westlichen Journalisten vor. Ungehindert ließ die Militärführung Berichterstatter in sämtliche Kriegsgebiete vordringen, und im Vertrauen darauf, dass die Bekämpfung des Kommunismus über allem stehen würde, wurden ihre Berichte gegen die Zusicherung, die Grundregeln militärischer Geheimhaltung einzuhalten, nicht geprüft oder gefiltert. Technische Errungenschaften wie das Satellitenfernsehen machten es zudem möglich, dass Kriegsbilder so direkt und schnell wie nie zuvor in einer bewaffneten Auseinandersetzung in die heimischen Wohnzimmer gelangen konnten, sodass der Krieg schließlich Beinamen wie »Television War« oder »Living-Room-War« erhielt. Und auch der eigene Präsident Lyndon B. Johnson wandte sich immer wieder direkt ans Volk, damit es stets wisse, dass es an einer großen, gerechten Mission teilhabe: »Meine amerikanischen Mitbürger: Wieder einmal werden im uralten Kampf der Menschheit für ein besseres Leben und eine Welt des Friedens die Weisheit, der Mut und das Mitgefühl des amerikanischen Volkes auf die Probe gestellt. Das ist die Bedeutung des tragischen Konflikts in Vietnam.«[36]

Selbstverständlich bedeutete die fehlende Zensur jedoch nicht, dass die Berichterstattung über den Krieg nicht geschönt worden wäre. Das Problem lag vielmehr darin, dass die US-Sender, die mit tonnenweise aufbereitetem Propagandamaterial des Pentagons versorgt wurden, sich so dankbar über das Übereinkommen zeigten, dass sie die zur Verfügung gestellten Inhalte unbearbeitet oder unkommentiert sendeten, sodass sich die Medien zwar nicht der Zensur, dafür aber allen anderen Arten von Propaganda unterwarfen. In beiderseitiger Abhängigkeit voneinander entstand ein unausgesprochenes Arrangement zwischen US-Regierung und Presse darüber, dass der Vietnamkrieg niemals infrage gestellt oder kritisiert werden dürfe. Doch die Strategie ging vor allem deswegen nicht auf, weil das Militär nicht mit einem solch zähen Verlauf des Krieges gerechnet hatte. Je länger er dauerte, desto weniger konnten Politiker in den USA die in die Höhe schnellenden Opferzahlen der eigenen Truppen geheim halten, relativieren oder die ewigen Truppenaufstockungen als sinnvoll verkaufen, zumal das Volk, das nach drängenden Antworten verlangte, die Bilder des blutrünstigen Kriegspfades durch den Dschungel Südvietnams live präsentiert bekam. Es waren nicht nur Szenen von gefallenen und verwundeten GIs, die schockierten, sondern insbesondere auch solche von überzogener Gewalt und Brutalität gegen die vietnamesische Bevölkerung, die zu einem Umdenken seitens der Medien und einer Wende hin zu einer kritischen Berichterstattung führten.

Die einschneidendste Zäsur bot sicherlich das Bekanntwerden des Massakers von My Lai, in dessen Verlauf drei US-Kompanien auf der Suche nach Vietcong-Kämpfern am 16. März 1968 im Dorf Sơn Mỹ über 500 Zivilisten – darunter vor allem Kinder, Frauen und Greise – ermordeten. Laut Augenzeugenberichten hätten sich überforderte, unerfahrene amerikanische Soldaten in einen »wahren Blutrausch« hineingesteigert. Sie sollten systematisch Frauen vergewaltigt, Zivilisten die Kehle durchgeschnitten oder sie in Gräben getrieben und mit Granaten in die Luft gesprengt haben.[37]

Beim Massaker vom My Lai wurde ein gesamtes Dorf ausgelöscht, und es wurden über 500 Zivilisten getötet.

Das grauenvolle Kriegsverbrechen, bei dem fast ein gesamtes Dorf inklusive aller Menschen und Tiere massakriert wurde, sollte zunächst seitens der US-Armee ganz einfach vertuscht werden. In seinem offiziellen Untersuchungsbericht gab der Kommandeur der 11. Infanterie-Brigade, Oberst Oran K. Henderson, im April 1967 lediglich an, durch seine Männer seien 20 Zivilisten aus Versehen getötet worden. Außerdem sagte er, »dass keine Zivilisten versammelt und von amerikanischen Soldaten erschossen wurden. Die Behauptung, dass US-Streitkräfte 400–500 Zivilisten erschossen und getötet haben, ist offensichtlich ein propagandistischer Schachzug des Vietcong, um die Vereinigten Staaten in den Augen des vietnamesischen Volkes [...] zu diskreditieren.«[38]

Erst rund 20 Monate später gelangte das ganze Ausmaß des Verbrechens durch investigative Recherchen des Journalisten Seymour Hersh an die Öffentlichkeit und löste dort pures Entsetzen aus.

Die Vietnampropaganda der USA zielte darauf ab, die militärische Übermacht gegenüber dem Vietcong in allen Belangen und zu jeder Zeit aufzuzeigen. Dem Gegner etwa propagandistisch zu unterstellen, er kämpfe mit unerlaubten Waffen, wie es ein Prinzip Morellis für Kriege generalisiert, hätte ihren Zweck gar nicht erst erfüllt. Solche Kriegswerkzeuge existierten aufseiten des Vietcong nicht und hätten auch nicht zum Narrativ eines »aus dem Dschungeldickicht heraus kämpfenden Bauernvolkes« gepasst. Unmenschliche Waffen wie Napalm, das die USA selbst im Vietnamkrieg einsetzten, wurden nach Konvention der Vereinten Nationen im Jahr 1980 verboten; andere wie das giftige chemische Entlaubungsmittel Agent Orange, von dem 45 Millionen Liter aus Flugzeugen und Hubschraubern über Vietnam ausgeschüttet wurden und das unter der einheimischen Bevölkerung zu erheblichen Spätfolgen wie Missbildungen bei Neugeborenen oder Krebs führte, hingegen nicht. Doch während amerikanische Herstellerfirmen 197 Millionen Dollar an 52 000 Veteranen und Hinterbliebene als Entschädigungssumme auszahlten, klagen vietnamesische Opfergruppen bis heute vergeblich um etwas annähernd Vergleichbares.

Die Bilder der Vietnamkriegsgräuel sorgten nicht nur in den USA, sondern weltweit für Fassungslosigkeit und Solidarisierungen mit dem Vietcong, der seinerseits durch propagandistische Begleitung eigener Offensiven den Eindruck erwecken wollte, einen letztendlich unschlagbaren Gegner aufzubieten. Es sind vor allem zwei Fotografien, die bis heute untrennbar mit der Grausamkeit des Vietnamkriegs verbunden bleiben und die in ihrer Zeit zum Wandel der öffentlichen Meinung beigetragen haben. Die Exekution des gefesselten Vietcong-Kämpfers Nguyễn Văn Lém durch einen auf offener Straße aus nächster Nähe abgegebenen Kopfschuss, ausgeführt vom südvietnamesischen Polizeikommandanten Nguyen Ngoc Loan, hielt der amerikanische Kriegsreporter Eddie Adams am 1. Februar 1968 in Saigon fest. Er kommentierte die Aufnahme, für die er den Pulitzerpreis bekam, später im Wissen darum, dass sie auch das Leben des Todesschützen zerstört hatte, mit den Worten: »Der General tötete den Vietcong; ich habe den General mit meiner Kamera getötet. Standbilder sind die mächtigste Waffe der Welt. Die Leute glauben ihnen, aber Fotos lügen auch ohne Manipulation. Sie sind nur Halbwahrheiten. Was das Foto nicht sagte, war: Was würden Sie tun, wenn Sie an diesem heißen Tag zu dieser Zeit und an diesem Ort der General wären und den sogenannten Bösewicht erwischen würden, nachdem er ein, zwei oder drei amerikanische Soldaten weggeblasen hat?«[39]

Das Foto des schreienden nackten Mädchens Phan Thị Kim Phúc nahm der amerikanisch-vietnamesische Pressefotograf Nick Út am 8. Juni 1972 nach einem südvietnamesischen Napalm-Angriff auf das Dorf Trảng Bàng auf. Auch er gewann damit den

Pulitzerpreis und sagte über das Bild: »Schrecklicher Krieg. Viele Leute sagen Napalm Mädchen oder Napalm Foto, aber wenn ich das Foto verwende, sage ich Schrecklicher Krieg.«[40]

Schließlich beeinflussten die medialen Bilder den Vietnamkrieg in einem solchen Maße, dass er letztendlich an der Tatsache scheitern musste, dass das amerikanische Volk im Verbund mit der Weltöffentlichkeit der kriegführenden US-Regierung die Unterstützung versagte. Die USA gaben den Kampf 1973 verloren und zogen sich aus Südvietnam zurück, das danach unmittelbar von Nordvietnam erobert werden konnte und kommunistisch wurde, ohne dass dies zu einem prognostizierten Dominoeffekt geführt hätte. Gleichzeitig entstand im Pentagon, das die Niederlage nicht überwinden konnte, die sogenannte amerikanische Dolchstoßlegende. In Anlehnung an jene propagandistisch inszenierte Verschwörung, die am Ende des Ersten Weltkriegs Sozialdemokraten und Juden bewusst für die Kriegsniederlage verantwortlich gesprochen hatte, waren es in den USA nun »die abtrünnigen Medien«, die im Geflecht mit der globalen Antikriegsbewegung der eigenen Regierung den Stoß von hinten verpasst hätten und daher Mitschuld an der Niederlage trügen. Deutsche Medien griffen dieses Narrativ teilweise ebenfalls auf.

Die im Vietnamkonflikt vorherrschende Propagandastrategie der USA, die tatsächlich um ihren wirtschaftlich-strategischen Einfluss in Südostasien bangten und eigene imperialistische Pläne verfolgten, lässt sich insgesamt auf wenige, dafür aber stetig wiederholte Narrative einordnen, die sich historisch allesamt als unwahr herausstellen sollten. So wurde hauptsächliche kolportiert, dass die Sowjetunion und des kommunistischen China Nordvietnam infiltriert hätten, um das angeblich demokratische Südvietnam zu überfallen. Sollten die USA hier nicht intervenieren, wäre der weiteren Ausbreitung des globalen Kommunismus kein Einhalt mehr geboten *(Dammbruchargument).* Da dies sonst niemand könne, müsse Amerika die Welt vor dieser schlimmen Bedrohung schützen, indem sie Frieden in Südostasien schaffe. Gleichzeitig wurden der amerikanischen Bevölkerung die wahren Zusammenhänge der Indochinakonflikte, die die Teilung Vietnams eingeleitet hatten, nicht näher erklärt, sodass kaum jemand in der Lage war, zu erkennen, wer überhaupt die Kommunisten waren, die man im Land bekämpfte. Die fehlende Möglichkeit der optischen Unterscheidung zwischen befeindeten und verbündeten Vietnamesen leistete zudem einem bisher nie da gewesenen Rassismus unter amerikanischen Soldaten Vorschub, indem sie bald alle Einheimischen mit *Name Calling* überzogen. So entstanden Schimpfwörter wie »Gooks«, »Dinks« oder »Slopes«, die in der amerikanischen Gesellschaft seinerzeit teilweise übernommen, in Deutschland dagegen kaum bekannt wurden. Die Dämonisierungspropaganda gegen den offiziellen Führer des Vietcong hielt sich während des Krieges nicht nur deswegen in Grenzen, weil Ho Chi Minh als gemäßigter Kommunist selbst noch zu Zeiten des Zweiten Weltkriegs von den USA unterstützt worden war und bis zuletzt auf Beistand der USA zur Wiedervereinigung Vietnams gehofft hatte. Der Grund, warum er nicht wie andere Diktatoren zum »ultimativ Bösen« erklärt wurde, lag außerdem darin begründet, dass die US-Politik unbedingt das vorgegebene Bild aufrechterhalten musste, nicht das kleine Nordvietnam, sondern der Kommunismus generell sei der Hauptfeind und die Wurzel »allen Übels« in diesem Einsatz. Dass es sich bei den Kommunisten unter Ho Chi Minh um »teuflische Gesellen« handele, war der US-Bevölkerung allerdings bereits in den Jahren zuvor regelrecht eingebläut worden. Eines von vielen prägenden Beispielen stellten die Bestsellerbücher des in Nordvietnam arbeitenden amerikanischen Arztes Thomas Anthony Dooley dar, der die angeblichen Grauen des Landes eindrucksvoll niederschrieb. So sollten etwa Nonnen systematisch vergewaltigt und gefoltert,

Priestern Nägel in den Kopf geschlagen und katholischen Kindern Holzstäbchen in die Ohren gerammt worden sein. Erst nach Kriegsende kam heraus, dass der Arzt gezielt von der CIA rekrutiert worden war, um derartige Lügengeschichten für die antikommunistische Propaganda zu entwickeln. Präsident Johnson selbst erinnerte derweil vor allem zu Beginn des Eintrittes seines Landes in den Konflikt immer wieder auch an die Übeltaten der kommunistischen Indochinakämpfer generell: »Und es ist ein Krieg von beispielloser Brutalität. Einfache Bauern sind das Ziel von Attentaten und Entführungen. Frauen und Kinder werden nachts erdrosselt, weil ihre Männer ihrer Regierung treu ergeben sind. Und hilflose Dörfer werden von Schleichangriffen verwüstet. Groß angelegte Razzien werden in Städten durchgeführt und Terroranschläge im Herzen von Städten.«[41]

Zur Wahrheit des Vietnamkrieges gehört ebenso, dass wie in jedem anderen Krieg auch die Gegenseite, die vietnamesischen Kommunisten, nebst brutaler Gewalt auch kontinuierlich Propaganda als Waffe einsetzten. Die Medien der Demokratischen Republik Nordvietnam waren gleichgeschaltet, sodass staatlich produzierte Desinformation freie Bahn erhielt.

Eine gewichtige Rolle in der Propaganda des Nordens nahmen generell Frauen ein, die, während die kommunistischen Kader die Erziehung der Nordvietnamesen übernahmen, auch gezielt dafür eingesetzt wurden, sich mit der Kraft ihrer Worte an die Amerikaner zu wenden. Die größte Popularität erreichte die Stimme der Moderatorin Trịnh Thị Ngọ, die US-Soldaten als »Hanoi-Hannah« bekannt wurde. Dreimal am Tag ging »Herbstduft«, wie sie sich selbst nannte, mit ihrem Propagandaprogramm *Voice of Vietnam* für Radio Hanoi auf Sendung und wandte sich in englischer Sprache und mit staatlich vorproduzierten Inhalten direkt an die GIs. Ihre Aufgabe war es, die Antikriegsstimmung in der Welt aufzufangen, über Proteste gegen den Krieg in den USA

Trịnh Thị Ngọ, unter US-Soldaten bekannt als »Hanoi Hannah«, ging dreimal täglich mit Voice of Vietnam *auf Sendung.*

zu informieren und an Moral und Gewissen der US-Soldaten zu appellieren. »Hanoi Hannah« versuchte es sowohl »im Guten« mit populären Antikriegsliedern oder dem Verlesen von Namen gefallener amerikanischer Kämpfer sowie andererseits auch mit Drohungen und Einlassungen darüber, welche Qualen die Männer bei ihrer Gefangennahme zu befürchten hätten. Zwar zeigte ihre Propagandashow, die sie stets mit den Worten »How are you, GI Joe?« begann, kaum politische Wirkung, doch sollten US-Soldaten später berichten, dass die persönlichen Tonband-Einspieler von in Gefangenschaft aufgezeichneten leidenden Kameraden ihnen regelmäßig Gänsehaut eingejagt hätten.

Kriegsanlasslüge: Tonkin-Zwischenfall

Der bewaffnete Eintritt der USA in den Vietnamkonflikt basierte – wie wir heute wissen – auf Provokationen und Täuschungen, die vom militärischen US-Geheimdienst National Security Agency

(NSA) kreiert wurden und die dem bereits lange zuvor auf Kriegskurs befindlichen Präsidenten Lyndon B. Johnson die Möglichkeit verschaffen sollten, den Kriegseintritt vor seiner Bevölkerung zu rechtfertigen. Während dem amerikanischen Volk später lediglich mitgeteilt wurde, dass Truppen der Nationalen Volksarmee (NVA) Nordvietnams ohne besonderen Anlass wiederholt US-Kriegsschiffe im Golf von Tonkin angegriffen hätten und deswegen volle Härte gefragt sei, war in Wahrheit der US-Zerstörer *USS Maddox* am 31. Juli 1964 bewusst zu einer Spionagefahrt in den Golf geschickt worden, wo tags zuvor mit den USA verbündete südvietnamesische Einheiten, die unter Geheimhaltung vom US-Militär in dieser Taktik geschult worden waren, die vorgelagerten Inseln Hon Me und Hon Nieu zu Sabotagezwecken beschossen hatten. Um bewusst eine Reaktion der NVA zu provozieren, näherten sich Schnellboote des Südens den amerikanischen Schiffen bis auf wenige Kilometer an und sollten damit vortäuschen, unter Geleitschutz zu operieren. Nach offiziellen Angaben des US-Militärs sei die *Maddox* daraufhin mit Maschinengewehrfeuer von einer der zuvor attackierten Inseln beschossen worden, während man feindlichen Torpedos habe ausweichen können.

Der Zerstörer USS Maddox *wurde am 31. Juli 1964 bewusst zu einer Spionagefahrt in den Golf von Tonkin geschickt.*

Der über den Zwischenfall informierte Präsident Johnson lehnte eine militärisch vorgeschlagene umgehende Vergeltungsaktion zwar zunächst ab, doch statt die Wogen zu glätten und abzuziehen, erhielt der damit überrumpelte Kapitän der *Maddox,* John Herrick, Anweisungen vom Pentagon, seine Mission unter Verstärkung eines zweiten Zerstörers, der *USS Turner Joy,* unbedingt fortzusetzen. Als sich dann beide Kriegsschiffe am 4. August 1964 im Golf befanden, griffen die südvietnamesischen Verbündeten Inseln und Festland des Nordens an, worauf, wie dem US-Präsidenten mitgeteilt wurde, kommunistische NVA-Truppen versucht hätten, die Zerstörer zu torpedieren. Zumindest dieser zweite Angriff hat heute nachweislich und zugegeben vom damaligen US-Verteidigungsminister Robert McNamara nicht stattgefunden, die Berichte darüber waren von der NSA fingiert worden. Bereits am nächsten Tag gab Johnson dann Befehl »für Vergeltungsschläge aufgrund kommunistischer Aggression« und ließ Luftangriffe auf nordvietnamesische Hafenanlagen, Treibstofflager und Flugabwehrstellungen fliegen. Die am 7. August 1964 mit überwältigender Mehrheit vom US-Kongress beschlossene, bereits mehrere Wochen vor dem Vorfall ausgearbeitete Tonkin-Resolution, die juristisch einer Kriegserklärung entsprach, nahm Johnson, der im gleichen Jahr wiedergewählt werden wollte, zum Anlass, in den Krieg einzutreten – ohne Mandat der UNO, dafür aber mit »edlen Zielen«, die der Präsident nie müde wurde zu betonen:

> *Wir tun dies, um das Selbstvertrauen der tapferen Menschen in Südvietnam zu stärken, die diesen brutalen Kampf so viele Jahre lang mit so vielen Opfern tapfer ertragen haben [...]*
> *Wir sind auch da, um die Weltordnung zu stärken. Rund um den Globus, von Berlin bis Thailand, leben Menschen, deren Wohlergehen zum Teil davon abhängt, dass sie sich auf uns*

verlassen können, wenn sie angegriffen werden. Vietnam seinem Schicksal zu überlassen würde das Vertrauen all dieser Menschen in den Wert eines amerikanischen Engagements und in den Wert des amerikanischen Wortes erschüttern. Das Ergebnis wäre zunehmende Unruhe und Instabilität und ein noch größerer Krieg.[42]

Wüstensturm: der Zweite Golfkrieg 1990–1991

Zeitraum: *2. August 1990 bis 17. Januar 1991*
Teilnehmende Staaten: *35 (Irak gegen US-geführtes Militärbündnis)*
Streitgegenstand: *Irakischer Einmarsch in Kuwait*
Geschätzte Todesrate: *ca. 75 000 Soldaten (davon 147 US-Amerikaner), 40 000 bis 180 000 irakische Zivilisten*

Der Zweite Golfkrieg, auch Erster Irakkrieg genannt, begründete nicht nur den Weg der USA zur Hegemonialmacht am Persischen Golf, sondern leitete auch ein neues Zeitalter der medialen Wahrnehmung von militärischen Konflikten ein. Postmoderne Kriege sind durch eine enge Verflechtung zwischen strategischer Kriegsführung und fortschrittlichster Medientechnik gekennzeichnet. Während des Golfkrieges ließ sich dieser Umstand erstmalig dahingehend nutzen, dass sich Kampfhandlungen in den Massenmedien wie Videospiele darstellten, in denen stets Helden auf der einen Seite eine Mission gegen die Schurken der anderen Seite kämpfen. Von dieser Dichotomie profitierte die Propaganda, die solche Muster herbeisehnt und die daher von Anfang an als elementarer Bestandteil des »Medienkrieges« eingeplant wurde. So begleiteten die westlichen Medien den »entschlossenen George

Bush« auf seiner ausgelobten »Friedensmission« mit dem Namen Desert Storm gegen den als »tyrannischen Endgegner« inszenierten irakischen Diktator Saddam Hussein.

Nach dem Rückzug der irakischen Truppen wüten Brände in Ölquellen außerhalb von Kuwait-Stadt.

Infolge seines Anfang August 1990 erfolgten Einmarsches in den Wüstenstaat Kuwait, dem Saddam Öldiebstahl im großen Stil vorwarf, bildeten die USA nach Verurteilung der Annexion durch den UN-Sicherheitsrat ein Militärbündnis, dem sich 34 Länder anschlossen (Operation Desert Shield). Deutschland trat der unheilvollen Allianz nicht bei, erklärte sich aber bereit, einen bedeutenden Teil der Kriegskosten zu tragen. Nachdem flankiert von Journalisten aus der ganzen Welt massiv Truppen auf dem Spielfeld in der Golfregion platziert worden waren und die auf den TV-Bildschirmen eingeblendeten Countdowns, die die Alternativlosigkeit des Einsatzes veranschaulichen sollten, keinen Zweifel daran ließen, dass Saddam ein unterbreitetes Ultimatum verstreichen lassen würde, starteten federführend unter der USA in der Nacht vom 16. auf 17. Januar 1991 die Luftschläge gegen den Irak mit derart spektakulären Bildern, dass auch der berichtende CNN-Reporter Bernard Shaw ergriffen kommentierte: »Der Himmel über Bagdad wurde erleuchtet. Das ist Donner. Das sind Blitze. Das ist Tod. Das ist Hölle.«[43]

Eine F-117A Nighthawk führt während der Operation Desert Storm eine Formation von Flugzeugen der Royal Saudi Air Force über der Wüste.

Saddam indes wusste, dass er militärisch chancenlos bleiben würde, und war deswegen seinerseits darauf bedacht, ein eigenes propagandistisches Spektakel zu veranstalten, das ihm vor den Augen der Weltöffentlichkeit in die Hände spielen würde. In Erwartung massiver Flächenbombardements – wie sonst üblich in Luftkriegen mit Beteiligung der USA – ließ der irakische Präsident, der den Krieg als »Mutter aller Schlachten« hatte ausrufen lassen, pünktlich Busse für Journalisten aus der ganzen Welt bereitstellen und organisierte ihnen auf Staatskosten Hotelzimmer mit bestem Blick über Bagdad. Dadurch sollten die Kriegsberichterstatter umgehend die zu erwartenden verheerenden Bilder von dem Erdboden gleichgemachten Stadtvierteln und angerichteten Blutbädern unter der irakischen Zivilbevölkerung in die Welt schicken können. Seine Strategie, mit der er global Mitleid erwecken und das Ende der Kampfhandlungen erzwingen wollte, schlug fehl, weil die Amerikaner auf Grundlage neuer Waffentechnologien ihrerseits eine passgenaue Propagandastrategie entwickelt hatten. Der Einsatz sogenannter smarter Waffen erlaubte es nämlich, dass die abgeworfenen Bomben und gezündeten Raketen sich präzise auf militärische Knotenpunkte des Gegners ausrichten ließen. So sollte auf der einen Seite der Eindruck einer sauberen, chirurgischen Kriegsführung vermittelt werden, auf der anderen Millionen westlicher Zuschauer an den Fernsehgeräten die innovative Darstellung des Krieges so emotional packen, dass sie glaubten, hautnah dabei und gleichzeitig Teil einer »gerechten Mission« zu sein. Erstmals wurden sogar Kameras an Raketen angebracht, die den Zuschauer aus der Perspektive der tödlichen Fernlenkwaffe von der Zündung bis zum Einschlag mitnahmen. Praktischerweise wurden die Filmkameras mit Erreichen des Ziels zerstört und lieferten keine Bilder mehr von dem, was sie angerichtet hatten, denn obwohl die neue Waffentechnik sich tatsächlich ziemlich genau gegen militärische Knotenpunkte richtete und so Massaker verhindern konnte, starben durch Bombardements weit über 2000 Zivilisten, für die der Euphemismus des »Kollateralschadens« geprägt wurde. Saddams Strategie, Raketen auf israelisches Staatsgebiet abzufeuern in der Hoffnung, das Land würde umgehend eine Vergeltungsaktion starten, führten hingegen zu keinem Erfolg. Da Israel nicht mit Gewalt reagierte, solidarisierten sich auch keine anderen arabischen Staaten mit seinem Regime, wie vom irakischen Diktator erhofft. Die USA bestimmten weiterhin das »Kriegsspiel«, und so, wie ihr Militär im Bündnis tonangebend war, verhielt es sich mit CNN auf der weltweiten Medienbühne, über das sich selbst Saddam Informationen zum Kriegsverlauf einholte. Der erstmals rund um die Uhr berichtende Sender sorgte für ein stimmiges ästhetisierendes Begleitorchester und übergab die zensierten Szenen für die Zweitverwertung an die internationalen Fernsehredaktionen. Auf diese Weise gelangten ganz im Gegensatz zum Vietnamkrieg Bilder von menschlichem Leid durch den Krieg so gut wie gar nicht an die Öffentlichkeit. Die Kontrolle über seine Berichterstatter verschaffte sich das US-Militär mithilfe eines neu erdachten Konzeptes, des Pool-Systems, nach dem nur auserlesene Journalisten aus den USA, Großbritannien, Frankreich und Saudi-Arabien an Informationen gelangen sollten. Für ihre Reportagen wurden die Medienvertreter dafür vom US-Militär an ausgewählte Punkte des Kampfgebiets geleitet, von wo aus sie unter Beobachtung und Zensur berichten durften. Auch wenn für die Zuschauer zu Hause nichts Bewegendes geschah, schienen die Kameras während des gesamten Krieges durchgehend im Aufnahmemodus zu verharren. Kaum jemandem fiel auf, dass die Bilder des durch Leuchtspurmunition grün schimmernden irakischen Nachthimmels, der per Bildtechnik schräg über dem berichtenden Reporter eingeblendet wurde, größtenteils aufgezeichnet waren. Die Dramaturgie des Krieges sah vor, dass die Spannung beim Betrachter, genau wie bei einem Videospiel, stetig hochgehalten werden musste. Er sollte zumindest das Gefühl haben, dass jederzeit etwas passieren könnte, sodass er zum Livezeugen, wenn nicht gleich TV-Soldaten historischer Momente avancierte. Es erschien vielen Zuschauern, als würden sie gemeinsam mit den Kampfpiloten das Fadenkreuz über der Landschaft ausrichten und Sekunden später aus der Sicht eines Vogels erleben können, wie die anvisierten Gebäude oder Fahrzeugkolonnen in die Luft gejagt wurden. Dabei hörten sie stellenweise mit an, wie die Piloten über

Funk ihren Sieg feierten. Dass die auf den verwackelten Bildern zu begutachtenden weißen Strichmännchen, die nach den Explosionen in alle Richtungen um ihr Leben davonrannten, zu den »bösartigsten Truppen« zählten, die Saddam aufzubieten hatte, legten *Wording* und *Framing* jederzeit zurecht. Niemand wurde demnach »getötet«, im Golfkrieg wurde lediglich »liquidiert«, »eliminiert« oder »neutralisiert«. Über tägliche Sondersendungen und Brennpunkte erklärten geladene Experten oder solche, die sich dafür hielten, auch dem deutschen TV-Publikum, was man auf den gelieferten Bildern erkennen oder nicht erkennen sollte. Die Aufgabe, der sich die eingespannten Moderatoren und Kommentatoren verschrieben hatten, lautete, das schwarz-weiße Narrativ kontinuierlich aufrechtzuerhalten. Sie erzählten die Geschichte des »Helden« George Bush, der stellvertretend für alle angetreten war, um den »Tyrannen« Saddam Hussein zu erledigen, bevor er nach der Weltmacht greifen könnte. Der amerikanische Präsident selbst verkaufte seine Mission als etwas »Heiliges«:

> *Wir haben die Möglichkeit, für uns selbst und für künftige Generationen eine neue Weltordnung zu schmieden – eine Welt, in der die Rechtsstaatlichkeit und nicht das Gesetz des Dschungels das Verhalten der Nationen regelt. [...] Heute Abend, während unsere Truppen kämpfen, sind sie und ihre Familien in unseren Gebeten. Möge Gott jeden Einzelnen von ihnen und die Koalitionsstreitkräfte an unserer Seite im Golf segnen, und möge er weiterhin unsere Nation, die Vereinigten Staaten von Amerika, segnen [...] wir haben keinen Streit mit den Menschen im Irak. Tatsächlich bete ich für die Unschuldigen, die in diesem Konflikt gefangen sind, für ihre Sicherheit. Unser Ziel ist nicht die Eroberung des Irak. Es ist die Befreiung Kuwaits.*[44]

Gezielt hatten engagierte PR-Agenturen, die CNN zuarbeiteten, den Auftrag erhalten, den irakischen »Aggressor, Massenmörder und Kriegsverbrecher« zu präsentieren, und Bush selbst legte dafür die Messlatte hoch: »Während die Welt wartete, vergewaltigte und plünderte Saddam Hussein systematisch eine winzige Nation, die keine Bedrohung für seine eigene darstellte. Er hat die Menschen in Kuwait unsäglichen Gräueltaten ausgesetzt – und unter diesen verstümmelten und ermordeten unschuldigen Kindern. [...] Während die Welt wartete, versuchte Saddam, dem Chemiewaffenarsenal, das er jetzt besitzt, eine unendlich gefährlichere Massenvernichtungswaffe hinzuzufügen – eine Atomwaffe.«[45]

Bush machte sich historisch selbst zu einem Eisbrecher für die vom Irakkrieg an in fast sämtlichen Kriegen verwendete Metapher der *reductio ad hitlerum.* Nachdem er am 8. November 1990 in einer Rede an das amerikanische Volk Saddams Truppen ungeheuerliche Akte der Barbarei, die nicht mal Hitler begangen habe, vorgeworfen hatte, bemühten sich in der Folge weltweit Medien, die über den Irak berichteten, mit allem Eifer, ebenfalls Hitler-Vergleiche zur Beschreibung Saddams zu verwenden. Ein Effekt, der beim deutschen CNN-Publikum, dem seine historische Verantwortung und die damit einhergehende Pflicht zur Positionierung auf der »Seite des Guten« auf diese Weise immer wieder vor Augen geführt wurde, nicht verpuffen konnte. Allerdings hielten sich deutsche Medien und Politiker bis auf wenige Ausnahmen, wie etwa Hans Magnus Enzensberger, der Saddam im *Spiegel* als »Hitlers Wiedergänger« in einem gleichlautenden Beitrag bezeichnete,[46] *noch* mit Hitler-Analogien zurück.

Um die Motivation der US-Truppen im Irak bemühten sich Hunderte von Künstlern, die, auch wenn sie es in den meisten Fällen wohl selbst nicht wollten, wiederum medial und politisch geschickt in Szene gesetzt wurden, damit die amerikanische Bevölkerung die Rechtmäßigkeit des Krieges nicht infrage stellte und ihm nach Absicht des *Bandwagon*-Effektes folgte. Einen emotionalen und patriotischen Soundtrack zur Operation Desert Storm lieferte der aus über 200 Prominenten bestehende Chor Voices That Care. Unter vielen anderen besangen Michelle Pfeiffer, Kevin Costner, Denzel Washington, Meryl Streep, Sylvester Stallone, Mike Tyson und O. J. Simpson die baldige Wiederkehr der GIs.

Nachdem der Golfkrieg am 28. Februar 1991 mit der Befreiung Kuwaits durch US-Truppen geendet hatte, setzte schnell eine allgemeine mediale und politische Ernüchterung ein. Durch die nun beginnende kritische Berichterstattung und Aufarbeitung brach nach und nach auch das Kartenhaus aus Lügen zusammen, das die Operation Desert Storm begleitet hatte. Es entsprach natürlich den Tatsachen, dass Saddam ein skrupelloser Diktator war, der im Rahmen eines »Arabisierungsprogrammes« bis 1989 möglicherweise 180 000 Kurden und andere irakische Minderheiten ermorden lassen hatte – wohlgemerkt war er ausgerechnet in dieser Phase als Verbündeter der USA aufgebaut worden. Doch so grausam seine bisherigen Taten auch waren, so standen diese nicht mehr im Zusammenhang mit dem Einmarsch der US-Amerikaner in den Irak. Die Berichte über Saddams Atomwaffenprogramm oder die Folterung von gefangenen US-Soldaten waren erlogen, auch Fabriken für biologische Waffen, die der irakische Staatspräsident besessen haben sollte, hatte es nie gegeben, obwohl im Verlaufe des Golfkrieges als solche ausgemachte Gebäude wie etwa eine Babymilchfabrik zerstört worden waren. Die eindrucksvoll verwendeten Bilder von angeblich auf Dächern tanzenden Palästinensern, die Einschläge von Saddams Raketen in Israel feierten, entstammten ebenso Archiven wie die verendeter, ölverklebter Vögel nach vorgeblicher Öffnung kuwaitischer Ölquellen durch den Irak. Bekannt gewordene eigene Vergehen hatte man von amerikanischer Seite aus herunterzuspielen versucht.

So hatte am 13. Februar 1991 die US-Luftwaffe einen zivilen Luftschutzbunker in einer Bagdader Wohngegend bombardiert, wodurch mindestens 408 Zivilisten den Tod fanden. Aufgrund der Tatsache, dass den US-Streitkräften die bisherige Funktion des Bunkers bekannt gewesen und die Bevölkerung nicht gewarnt worden war, verurteilte Human Rights Watch den Angriff als einen Verstoß gegen das Kriegsrecht, für den bis heute niemand Verantwortung übernommen hat. General Merrill McPeak, Stabschef der US-Luftwaffe, hatte nach dem Anschlag in einem Interview mit Al Jazeera lediglich verkündet, dass man davon ausgegangen sei, es handele sich um einen Militärbunker, in dem sich Kommando- und Kontrolleinrichtungen befänden. Er sagte: »Es gab zivile Opfer, aber es war ein legitimes militärisches Ziel, wurde präzise getroffen, wurde zerstört und außer Betrieb gesetzt – und es gab nur geringe Kollateralschäden.«[47] Außerdem sei es laut McPeak für Amerikaner generell schwer zu unterscheiden gewesen, ob es sich bei Irakern um Zivilisten oder Soldaten gehandelt habe. Das Pentagon versuchte in einer Erklärung, die Verantwortung für diesen und weitere Treffer, bei denen Unschuldige durch Bomben ums Leben kamen, Saddam selbst in die Schuhe zu schieben, indem es behauptete, dieser habe befohlen, dass in allen Militärbunkern Zivilisten als menschliche Schutzschilde eingesetzt werden sollten.[48]

Kriegsanlasslüge: Brutkastenlüge

Keine der vielen Propagandalügen, die vor und während des Zweiten Golfkrieges gesponnen worden waren, zeigte sich in ihrer Wirkung so erfolgreich wie die vom Massenmord an 15 in Brutkästen liegenden Säuglingen, den irakische Soldaten nach Einnahme eines kuwaitischen Krankenhauses begangen haben sollten. Unter Tränen bezeugte dies am 10. Oktober 1990 die angebliche Hilfskrankenschwester Nayirah vor dem Menschenrechtsausschuss des

US-Kongresses. George Bush und führende Politiker der US-Regierung bezogen sich in der Folge immer wieder auf dieses Ereignis, wobei Details ausgeschmückt, hinzugedichtet oder übertrieben wurden. Bald war von »aufgespießten schwangeren Frauen« die Rede, und auch die Anzahl der getöteten Babys stieg stetig weiter an – am Ende sollten es 312 gewesen sein. Auf diese Weise wurde das erwünschte Mitleid der bis zu diesem Zeitpunkt einem Krieg gegen den Irak mal wieder mehrheitlich ablehnend eingestellten amerikanischen Bevölkerung erzeugt.

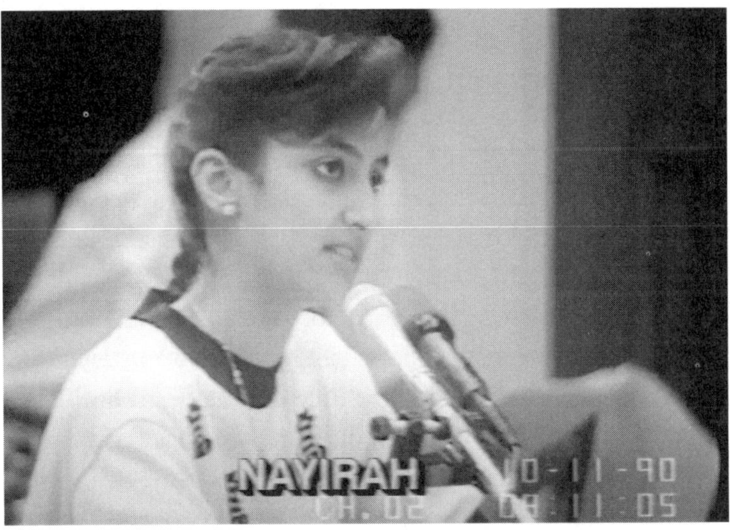

Bei der angeblichen Krankenschwester Nayirah handelte es sich um Nijirah al-Sabah, die 15-jährige Tochter des kuwaitischen Botschafters in den USA, auf deren Aussage sich George Bush immer wieder bezog.

Nach Kriegsende stellte sich heraus, dass die Zeugenaussage von keiner Krankenschwester gekommen war, sondern dass es sich bei der vorgeblichen Zeugin um Nijirah al-Sabah gehandelt hatte, die von der größten US-PR-Firma Hill & Knowlton für ihren Auftritt gecastete und gebriefte 15-jährige Tochter des kuwaitischen US-Botschafters. Die Agentur war gegen eine Entlohnung von 12 Millionen Dollar über die Organisation Citizens for a Free Kuwait gezielt von der kuwaitischen Exilregierung damit beauftragt worden, die amerikanische öffentliche Meinung zu manipulieren und die Bevölkerung so bedingungslos auf den Krieg gegen den Irak einzustimmen. So sollten nicht nur die Iraker als »rückwärtsgewandt und böse« inszeniert, sondern gleichfalls bar der Realität die Kuwaiter als freiheitsliebendes, der Demokratie entgegenstrebendes Volk verkauft werden, das auf die Hilfe der Amerikaner angewiesen sei. Zuvor hatte ebenso bereits die US-Regierung Hill & Knowlton, deren Vizechef Craig Fuller, ehemals Bushs Stabschef im Weißen Haus sowie damals noch sein politischer Berater und enger Freund, damit betraut, herauszufinden, mit welchen Gräueltaten man die amerikanische Bevölkerung am heftigsten schockieren und dadurch eine Zustimmung für den Krieg gegen den Irak eintreiben könne. Das Ergebnis war eindeutig und entsprach in Form einer Schauspielerin dem Kampagnenergebnis für Citizens for a Free Kuwait. Selbst hochrangige Armeeoffizielle wiederholten die Brutkastenlüge fortwährend, um ihre Soldaten weiter zum »Kampf gegen das Böse« zu motivieren. Sämtliche während des Golfkrieges von den Medien herangezogenen Bilder und zusätzliche Zeugen des Schauermärchens stellten sich später als Fälschung von Hill & Knowlton, anderen PR-Agenturen und Medienberichten heraus. Darunter waren auch Fotos von kleinen Schaufensterpuppen mit verdrehten Gliedmaßen, die als Kinderleichen proklamiert worden waren, sowie ein vermeintlicher Chirurg des beteiligten kuwaitischen Krankenhauses, der Zeuge von 120 Babymorden gewesen sein wollte, sich in Wahrheit aber als ein Zahnarzt herausstellte, der schlicht gelogen hatte. Dass die US-Regierung, die jederzeit über die Propagandakampagne informiert war, direkt an dieser mitgewirkt hatte, gilt als wahrscheinlich, bleibt allerdings unbewiesen und damit umstritten.

Vereinte Gewalt: der Kosovo-Krieg

Zeitraum: *28. Februar 1998 bis 10. Juni 1999*
Teilnehmende Staaten: *21 (Serbien gegen Kosovo und US-geführtes NATO-Militärbündnis)*
Streitgegenstand: *nationalistische Konflikte im ehemaligen Jugoslawien*
Geschätzte Todesrate: *ca. 13 500 Soldaten und Zivilisten (davon ca. 3500 Zivilisten durch NATO-Bomben)*

Der unter dem Namen Operation Allied Force von der NATO geführte Krieg gegen Serbien, der sich zwischen dem 24. März und 9. Juni 1999 ausbreitete, markierte für Deutschland historisch einen Wendepunkt, denn erstmals in ihrer Geschichte beteiligte sich die Bundeswehr aktiv an einem Kampfeinsatz, der propagandistisch sorgfältig vorbereitet sein wollte. Dem am 28. Februar 1998 ausgebrochenen Kosovo-Krieg, in dem sich serbisch-jugoslawische Truppen und Kämpfer der albanischen paramilitärischen Befreiungsarmee UÇK gegenüberstanden, waren bereits drei von fünf nationalistischen Unabhängigkeitskriegen vorausgegangen, die zwischen 1991 und 2001 unter den Teilrepubliken des ehemaligen sozialistischen Jugoslawiens ausgetragen wurden. Die Serie der sogenannten Balkankriege begann nur wenige Monate nach dem Ende des Zweiten Golfkrieges, sodass die internationale Presse fast im Kriegsberichterstatter-Modus verbleiben konnte. Als besonders radikal hatten sich bis dahin die Auseinandersetzungen zwischen Serben und Kroaten während des Kroatienkrieges (1991–1995) und zwischen Serben und Bosniaken im Zuge des Bosnienkrieges (1992–1995) erwiesen. Zwar wurden auch auf kroatischer und bosnischer Seite Kriegsverbrechen verübt, doch am schlimmsten trieb es damit Serbenführer Slobodan Milošević. Für die Massaker und Vertreibungen seines ideologischen Feldzuges, dem eine Errichtung eines Großserbiens voranstand, wurde er am 27. Mai 1999 vor einem Kriegsverbrechertribunal in Den Haag angeklagt, jedoch nie verurteilt, da er vor Verkündung am 11. März 2006 in Untersuchungshaft verstarb. Als blutigster seiner befohlenen Massenmorde gilt das Massaker von Srebrenica im Juli 1995, dem 8000 muslimische Männer zum Opfer fielen. Und trotz der realen Existenz solcher Gräueltaten war das militärische Eingreifen der NATO unter Führung der USA in den Jugoslawienkonflikt aus völkerrechtlicher Sicht illegal, denn sie tat es ohne ein entsprechendes notwendiges UN-Mandat, dafür aber mit »guter Begründung«. Thomas Friedmann, Berater von US-Außenministerin Madeleine Albright, er-

Am 24. März 1999 begann die NATO ohne entsprechendes UN-Mandat mit der Bombardierung Belgrads.

klärte am 28. März 1999 in der *New York Times*: »Damit der Globalismus funktioniert, darf Amerika sich nicht scheuen, als die allmächtige Supermacht aufzutreten, die es ist. Die unsichtbare Hand des Marktes wird nie ohne eine unsichtbare Faust funktionieren [...] Und die unsichtbare Faust, die dafür sorgt, dass die Welt für Silicon-Valley-Technologien sicher ist, heißt Heer, Luftwaffe, Marine und Marineinfanterie der USA.«

Propagandistisch war der Kosovo-Krieg von Gräuelpropaganda gezeichnet, die dieses Mal in erheblichem Maße auch aus Deutschland stammte. Deutsche Politiker und Medien lieferten sich einen wahren Schlagabtausch um die schauerlichsten Geschichten der »serbischen Täter«. Die *Frankfurter Rundschau* meldete am 22. April 1999, dass der damalige deutsche Verteidigungsminister Rudolf Scharping berichtet habe, dass Serben mit abgeschlagenen Kinderköpfen Fußball spielten.[49] Dem *Spiegel* sagte Scharping nur zwei Tage später: »Aus einer Schule trieb

Bundesverteidigungsminister Scharping zeigt Bilder von getöteten Kosovo-Albanern.

man die Lehrer und die Kinder heraus, hängte die Lehrer vor den Augen der Kinder auf und vertrieb die Kinder dann mit Gewehrkolben und Schüssen. Schwangeren Frauen wurden nach ihrer Ermordung die Bäuche aufgeschlitzt und die Föten gegrillt.«[50]

Der Metapher von serbischen Soldaten, die sich »ungeborene Kinder aus den Bäuchen albanischer Frauen schnitten, sie dann grillten und wahlweise aßen oder wieder in die Körper der Toten zurückstopften«, sollte Scharping, der sich während des Kosovo-Einsatzes von der Frankfurter PR-Agentur Hunzinger beraten ließ, in der Folge noch öfter bedienen. Wie mit den Gräuelpropaganda-Erzählungen des Ersten Weltkriegs wurde zur Verifizierung der Geschehnisse im ehemaligen Jugoslawien, wenn überhaupt, lediglich auf Zeugenaussagen verwiesen. So reimte sich Scharping auch die Existenz von serbischen KZs zusammen. Bereits am 28. März 1999 behauptete er: »Im Norden von Priština wird ein Konzentrationslager eingerichtet. Lehrer werden zusammengetrieben und vor den Augen ihrer Schüler erschossen. In Srebrenica mussten die UN-Truppen zusehen, wie 30 000 Menschen umgebracht wurden.«[51] Unwidersprochen konnte der Verteidigungsminister auf diese Weise dem Massaker noch mindestens 22 000 Opfer hinzudichten. Außenminister Joschka Fischer zog in der Folge bei seinem Versuch einer schlüssigen Legitimation für den Kriegseinsatz seines Landes einen abstrusen Vergleich zur deutschen Geschichte. Am 13. Mai 1999 sagte er: »Auschwitz ist unvergleichbar. Aber ich stehe auf zwei Grundsätzen, nie wieder Krieg, nie wieder Auschwitz, nie wieder Völkermord.«[52] Vorbehalte an der Kriegsbeteiligung der BRD sollten fortan ebenfalls nicht mehr gelten dürfen. »Jeder Zweifel an dem, was wir beschlossen haben, stärkt Milošević, schwächt die NATO und verunsichert die Soldaten, die im Einsatz sind«, sagte Angelika Beer, kriegspolitische Sprecherin der Grünen, in Tradition des *ad necessitatem*. Ebenso wenig sollten Bedenken gegenüber Miloševićs

Vernichtungsplänen gehegt werden. Dazu sagte Ludger Volmer, Staatsminister der Grünen im Auswärtigen Amt, wie aus Morellis Lehrbuch zu Kriegsprinzip Nummer 10 abgeleitet: »Es war und ist Miloševićs Absicht, die Albaner im Kosovo zu vertreiben und auszurotten. Wer von dieser Analyse nicht ausgeht, ist für mich kein ernsthafter Gesprächspartner.«[53] Kanzler Gerhard Schröder appellierte propagandistisch *ad absurdum* und gleich nach Kriegsprinzipien 1–5. »Jetzt ist nicht die Zeit, in der Mitglieder dieses Kabinetts Fragen nach der Sinnhaftigkeit des Einsatzes stellen. [...] Wir haben uns zum Handeln entschlossen, es gibt keine Alternative. [...] An unserer Entschlossenheit, das Morden im Kosovo zu beenden, besteht kein Zweifel. Die Belgrader Führung hat es allein in der Hand, den NATO-Einsatz zu beenden, indem sie sich für den Frieden entscheidet.«[54]

Von einem Großteil der bundesrepublikanischen Medien wurde diese neue deutsche Kriegsbereitschaft gebührend gefeiert und dankbar in eine bis dato unvergleichbare kriegerische Sensationsberichterstattung eingebettet. So schrieben deutsche Boulevardblätter über Scharping: »Er wird ein richtiger Soldatenvater. Voller Anteilnahme erkundigt er sich nach der Stimmung in der Truppe«,[55] erinnerten an den Kriegsgrund: »Serben töten Babys, vergewaltigen Frauen«, schienen sogar zu wissen, dass Miloševićs Ehefrau als »Hexe von Belgrad« bekannt ist[56] und erkannten in Milošević »den Wiedergänger Hitlers *und* Stalins« in einer Person.[57] Nach »Recherchen« über Serben, die selbst Tote noch mit Baseballschlägern zerschmettern würden,[58] folgte dann auch die *reductio ad hitlerum:* »Milošević [...] Der Alkoholiker – Er nimmt immer stärker die Züge eines zweiten Hitler an.«[59]

Für die Rolle der deutschen Politiker beim Werben um die öffentliche Meinung für die Zustimmung zum Krieg gab es auch ein Sonderlob des NATO-Sprechers Jamie Shea, der wusste, dass man auf die militärische Hilfe Deutschlands angewiesen war:

Sie sind die demokratisch gewählten Vertreter. Sie wussten, welche Nachricht jeweils für die öffentliche Meinung in ihrem Land wichtig war. Rudolf Scharping machte wirklich einen guten Job. Es ist ja auch nicht leicht, speziell in Deutschland, das fünfzig Jahre lang Verteidigung nur als Schutz des eigenen Landes gekannt hatte, statt seine Soldaten weit wegzuschicken. Psychologisch ist diese neue Definition von Sicherheitspolitik nicht einfach. Nicht nur Minister Scharping, auch Kanzler Schröder und Minister Fischer waren ein großartiges Beispiel für politische Führer, die nicht der öffentlichen Meinung hinterherrennen, sondern diese zu formen verstehen. Es stimmt mich optimistisch, dass die Deutschen das verstanden haben. Und jenseits der sehr unerfreulichen Begleiterscheinungen, der Kollateralschäden, der langen Dauer der Luftangriffe, hielten sie Kurs. Wenn wir die öffentliche Meinung in Deutschland verloren hätten, dann hätten wir sie im ganzen Bündnis verloren.

Auf die Benutzung unerlaubter Kriegswaffen seitens der Serben wurde regelmäßig hingewiesen. *Daily Record* meldete am 28. April etwa, dass Milošević damit begonnen habe, Albaner mit chemischen Waffen anzugreifen. Man stützte sich lediglich auf die Aussage eines anonymen britischen Soldaten, der gesehen hatte, wie sechs albanische Kämpfer einfach so umfielen, und daraus auf einen Gasangriff schloss. Die Nachricht erschien, nur kurz nachdem der Chef des Verteidigungsstabs, General Sir Charles Guthrie, herausgefunden haben wollte, dass Jugoslawien während des Kalten Krieges chemische Waffen angelagert hätte.[60]

Wie gewohnt wurden auch während des Kosovo-Krieges eigene Vergehen geleugnet oder heruntergespielt, obwohl die NATO im Verlaufe des Krieges Streubomben einsetzte, die Hunderte Zivilisten töteten. Wenn zivile Gebäude getroffen wurden, stritten Offizielle den Beschuss entweder entgegen aller Beweise ab, wie im Falle der Bombardierung eines Busses in der serbischen Provinz Podujevo, bei dem 17 Zivilpersonen, darunter vier albanische Kinder, getötet worden waren, oder bemühten andere Ausreden. So war Tony Blair etwa der Ansicht das gezielte Bombardement des staatlichen TV-Senders Radio Television Serbia am 23. April 1999 in Belgrad, bei dem 22 Medienleute ermordet worden waren, sei ein legitimes Kriegsziel gewesen, denn – so Blair – ein Fernsehsender sei schließlich Teil des propagandistischen »Apparates der Diktatur und Macht von Milošević«.[61] Amnesty International stufte den Vorfall als Kriegsverbrechen ein, doch wie in zahlreichen ähnlichen Fällen wurde nie jemand dafür belangt. Blair reichte folgende Begründung: »Die Verantwortung für jeden einzelnen Teil dieser Aktion liegt bei dem Mann, der sich an dieser Politik der ethnischen Säuberung beteiligt hat und gestoppt werden muss.« Ein NATO-Sprecher begründete derartige Bombardements so: »Wir sind uns der Unannehmlichkeiten bewusst, die dem jugoslawischen Volk entstehen könnten, aber es liegt an Milošević, zu entscheiden, wie er seine verbleibenden Energiequellen nutzen möchte – für seine Panzer – oder für sein Volk.«[62]

Über der während des Kosovo-Krieges dominierenden Gräuelpropaganda standen sich zwei Narrative gegenüber. Die NATO rechtfertigte sich damit, dass nach vielen gescheiterten diplomatischen Bemühungen Gewalt das einzige Mittel sei, das Milošević verstehe, wohingegen dieser das Einschreiten der NATO als Ergebnis imperialistischer Aggression seitens der USA darstellte. Die serbische Propaganda log nicht weniger als die der anderen beteiligten Länder und bediente sich neben antialbanischem und antikroatischem Rassismus auch antideutscher Ressentiments, die aufgrund der Besatzung der Wehrmacht im Zweiten Weltkrieg noch in vielen Teilen der Bevölkerung fest verankert waren. Serbische Politiker und Militärs propagierten so oft in den staatlichen Medien, Deutschland habe die Kriege in Jugoslawien provoziert, dass deutsche Berichterstatter im Kriegsgebiet als besonders gefährdet eingestuft wurden. Milošević hatte seinen Medienapparat in Kriegszeiten gleichgeschaltet, ließ kritische Stimmen aus der Öffentlichkeit verbannen und ausländische Journalisten nicht ins Land einreisen. Neben nationalistischen Appellen versuchte die serbische Propaganda gezielt, eigene Gräuel herunterzuspielen und Tatsachen zu verdrehen. Ein bis zum Schluss aufrechterhaltenes Narrativ kolportierte, dass es vor den Luftangriffen gegen Serbien keine Vertreibungen von Albanern gegeben habe. Die in Not geratenen Menschen seien lediglich vor den NATO-Bomben geflohen. Insgesamt ähnelte die serbische Propagandastrategie derjenigen, die die USA schon oft angewandt hatten, auf verblüffende Weise: Serbien habe nie einen Krieg gewollt, Miloševićs sei ein entschlossener und smarter Anführer, der lediglich Opfer terroristischer und genozidaler Umtriebe der Führer abtrünniger jugoslawischer Gebiete geworden sei, und all dies wolle die Welt einfach nicht begreifen.

Kriegsanlasslüge: Massaker von Račak

Da sich die NATO bewusst darüber war, dass eine militärische Intervention ohne UN-Mandat als illegaler Angriffskrieg gewertet werden würde, bedurfte es für sie zumindest einer schlagkräftigen Legitimation, um den nötigen Rückhalt in der Bevölkerung für ihre angriffsbereiten Armeen zu erhalten. Wieder einmal musste eine Kriegsanlasslüge Pate dafür stehen. Der OSZE-Beobachter und amerikanische Diplomat William Walker beorderte am 16. Januar 1999 über 30 Journalisten in das kosovarische Dorf Račak, präsentierte ihnen dort 45 Leichen – darunter eine Frau und ein zwölfjähriger Junge – und bekundete, dass es sich um unbewaffnete albanische Zivilisten handele, die hier am 15. Januar von serbisch-jugoslawischen Polizei- und Militäreinheiten hingerichtet worden seien. Ihre Leichen habe man verstümmelt. Walker leitete diese Information an die NATO weiter und bekräftigte seine Behauptung auf einer zweifelhaften Pressekonferenz, die am 17. März 1999 in Priština stattfand, mit Verweis auf eine von einem finnischen Team unter Leitung der Forensikerin Helena Ranta durchgeführte Untersuchung, allerdings ohne dass diese dabei öffentlich gemacht wurde. Der serbischen Beteuerung, bei den Toten von Račak handele es ich um Soldaten der albanischen Untergrundarmee UCK, die im Dorf eine Stellung gehalten hätten und während regulärer Kämpfe getötet worden seien, wurde medial hingegen kein Glauben geschenkt. Journalisten schworen sich stattdessen auf die Erzählung von einem grausamen Verbrechen gegen die Menschlichkeit ein und verbreiteten die Version westlicher Politiker unwidersprochen in alle Welt – nicht ohne die Gräueltaten dabei noch ein weiteres Mal auszuschmücken. Die *New York Times* schrieb am 17. Januar dazu, man habe Opfer enthauptet, mit ausgestochenen Augen oder zertrümmerten Köpfen vorgefunden.[63] Die *FAZ* erklärte, die Toten seien aus nächster Nähe per Genickschuss hingerichtet worden, und der *SZ* kamen dazu noch abgeschnittene Ohren in den Sinn.[64]

Um Deutschland mit in den Krieg zu führen, beteiligten sich insbesondere deutsche Politiker an der Ausschlachtung der Vorfälle in Račak, die von der NATO zum offiziellen Anlass hergenommen wurden, um eine militärische Intervention gegen Serbien zu rechtfertigen mit dem Ziel, eine andernfalls bevorstehende humanitäre Katastrophe zu verhindern. Auf Scharping geht die höchstwahrscheinlich frei erfundene Geschichte des »Hufeisenplans« zurück, eines angeblich von Serben verfolgten militärstrategischen Plans, um den Kosovo »ethnisch zu säubern« und alle kosovarischen Zivilisten zu deportieren. Der augenscheinlich in Angriffskriegsstimmung versetzte Scharping erfand Beweise und verteidigte seine Behauptungen sogar in einer Sondersendung der BBC.

Internationale und serbische forensische Untersuchungen nach Beendigung des Krieges im Kosovo konnten keine Belege für ein an Zivilisten verübtes Massaker in Račak nachweisen, sodass die ursprünglich von serbischer Seite abgegebene Erklärung, bei den Toten handele es sich um im Gefecht gefallene UCK-Kämpfer, plausibler wurde. Nach Offenlegung der Untersuchungsergebnisse der Forensikerin Ranta wurden sofort Manipulations-, Befangenheits- und Korruptionsvorwürfe laut, denn sie selbst musste zugeben, dass es nie Beweise für ein Massaker an Zivilisten gegeben habe. So stellten sich im Nachhinein auch alle Schauergeschichten über die dort verstümmelten Leichen als unwahr heraus. Serbische Untersuchungen legten weiterhin nahe, dass der getötete Junge nicht zwölf, sondern 17 Jahre alt gewesen sei und dass es sich bei der angeblich hingerichteten Frau um die Tochter eines UCK-Generals gehandelt habe, die sich suizidiert hatte. Was in Račak wirklich geschehen ist und wer die Toten genau waren, darüber konnte die Öffentlichkeit bis heute nicht informiert werden. Was bleibt, sind viele Widersprüche und gegenseitige Anschuldigungen. Für eine dringend notwendige selbstkritische Aufarbeitung bekamen Journalisten tragischerweise indes kaum Zeit, denn die nächsten Kriege ließen nicht lange auf sich warten und erforderten wieder die Aufmerksamkeit aller zur Verfügung stehenden Kameras.

Koalition der Willigen: der Irakkrieg

Zeitraum: *20. März 2003 bis 1. Mai 2003*
Teilnehmende Staaten: *3 (USA und Großbritannien gegen Irak)*
Streitgegenstand: *vorgebliche Bedrohung der USA durch irakische Massenvernichtungswaffen*
Geschätzte Todesrate: *ca. 30 000 Soldaten (4804 US- und UK-Soldaten); zwischen ca. 115 000–600 000 tote Zivilisten bis zum Ende der US-Besetzung 2011)*

Auch im politisch provozierten Irakkrieg (auch als Dritter Golfkrieg bezeichnet) hießen die beiden Gegenspieler Bush und Hussein. Während der »irakische Bösewicht« noch immer von demselben Menschen verkörpert wurde, trat »aufseiten des Guten« George Bushs Sohn George W. Junior Bush nicht nur in d ie Fußstapfen seines Vaters als amerikanischer Präsident, sondern er wollte auch dessen Feldzug fortsetzen, den CNN als »the unfinished war« bezeichnete. Nicht eher wolle er ruhen, bis die Welt von Saddam Hussein befreit sei, lautete seine Prämisse. Dass der Irakkrieg heute als der erste mittels *Information Warfare* und professionalisierter psychologischer Kriegsführung gelenkte Medienkrieg in die Geschichte eingegangen ist, beruht auf dem Umstand, dass nach der 2003 beschlossenen Doctrine for Joint Psychological Operations des US-Außenministeriums erstmals Medien strategisch, operativ und taktisch gezielt als Waffe gegen den Feind eingesetzt worden sind. Der Strategie nach geht es dabei nicht mehr nur allein um die Verbreitung von Desinformation, sondern auch darum, die Kommunikationsprozesse der Kriegsgegner systematisch zu stören, die Kommunikationsinfrastruktur des Feindes zu zersetzen oder Telekommunikationsapparate für aufständische Bewegungen aufzubauen. Nach der Gründung des Office of Global Communications 2003 wurde Kriegspropaganda direkt aus dem Weißen Haus gesteuert, was zwar keine Gleichschaltung der Medien wie in Zeiten der Weltkriege bedeutete, jedoch eine Oberhoheit über diese herstellte.

Ein Foto eines Sicherheitshauptquartiers im Irak, das vor dem Angriff auf einer Pressekonferenz mit eingebetteten Medien im Medienzentrum in Katar gezeigt wird.

Eine entscheidende Strategie der *PSYOP* während des Irakkrieges verfolgte die Bindung westlicher Journalisten an das US-Militär, sodass sie von allein gar nicht auf die Idee kämen, kritische Fragen zu stellen. Dafür wollte die US-Regierung ihren Berichterstattern das Gefühl vermitteln, so nah wie nur irgendwie machbar am Geschehen dran zu sein und so exklusiv wie möglich darüber berichten zu dürfen. Hier griff erstmalig das neue Konzept des *Embedded Journalism,* das 2002 von der US-Regierung professionalisiert worden war, in großem Stil. Etwa 600 ausgewählte Journalisten, die sich direkt beim Pentagon akkreditieren lassen mussten, wurden nach einer speziellen militärischer Basisausbildung verbindlichen amerikanischen oder britischen Truppenteilen zugeordnet, die sie im Verlaufe bestimmter Kriegsetappen mit ihren Kameras begleiten durften. Diese innovative Form der Berichterstattung, die das journalistische Freiheitsgefühl beflügelte, nutzte die US-Kriegsführung psychologisch aus, indem sie versuchte, sich die Medienleute intendiert hörig zu machen. Die Bush-Administration spekulierte darauf, dass die unterbewusst zu Kameraden gewordenen Reporter sich durch die ihnen zugewiesene enge Bindung an die US-Truppen, die sich rund um die Uhr um sie kümmerten, sie beschützten und Tisch und Zelt mit ihnen teilten, emotionalisieren ließen und dass sie sich dadurch solidarisieren würden. Diese Korrumpiertheit durch Nähe verfolgte die Absicht, dass Journalisten, die meist kaum wussten, wo sie sich überhaupt im Kriegsgebiet befanden, aus den Augen der amerikanischen Soldaten berichteten, den Einsatz von sich aus dem Narrativ einer Friedensmission unterordneten und als notwendig darstellten sowie keine kritische Distanz zum Geschehen einnahmen. Zwar wurden die Kriegsberichterstatter mit Pressematerialien überhäuft, aber militärische Interna wurden ihnen nie zuteil, dafür konnte die Armeeführung sie nicht selten hinsichtlich der Ziele und Hintergründe der Operationen täuschen, die sie begleiteten. Was sie durften und sollten, war im Kern lediglich, spektakuläre Bilder der in abenteuerlicher Kulisse mit neuester Technik überlegen kämpfenden amerikanischen Militärs zu filmen und dann in einer Liveschalte mit einem in den USA ansässigen Nachrichtenmoderator das zu kommentieren, was auf den Bildern zu sehen ist und wie sie es emotional miterlebten. Methodisch ließen sich auf diese Weise alle großen US-Redaktionen blenden, die erst nichts Kritisches erkennen wollten und dann auch nicht mehr danach fragten. Deutschen Medien lehnten zwar mehrheitlich den

Krieg der USA ab, ließen aber keine Gelegenheit zur *Dämonisierung* des Gegners aus, wobei natürlich erneut jede Menge Reduzierungen auf Hitler und andere Despoten bemüht wurden. Der *Spiegel* zitierte etwa Joschka Fischer mit den Worten, der Irak sei eine »stalinistische Diktatur« und Saddam Hussein zähle zu den »Erben von Hitler, Stalin und Pol Pot«.[65] US- und UK-Redakteure freuten sich dafür umso mehr über die einmalige Gelegenheit, ihrem Publikum mit imposanten Aufnahmen von rasanten Panzerfahrten zwischen Wüstenbergen, Explosionen aus nächster Nähe oder Szenen des abenteuerlichen Alltagslebens amerikanischer Soldaten *Politainment* direkt von der Front bieten zu können. Echte Schlachten, eingebettet in eindrucksvolle Animationen, Interviews mit via Splitscreen live zugeschalteten Kämpfern – all das rund um die Uhr – machten den Krieg zum Event und sorgten für eine nie da gewesene Quote. Letztendlich wurde vor allem auch das US-Publikum an der Heimatfront durch diese neue Form des immer nahbaren Journalismus, präsentiert durch ihnen bald vertraute TV-Gesichter, dazu verleitet, zu glauben, der Krieg würde realistisch und damit wahrheitsgetreu dargestellt.

Ebenfalls auf die Emotionalisierung des Publikums und Hollywood-Dramatik hatte es eine Inszenierung abgesehen, bei der eine in irakische Gefangenschaft geratene US-Soldatin gerettet wurde. Ausgestattet mit Kameras und Nachtsichtgeräten, befreite eine US-Spezialeinheit hollywoodreif arrangiert am 2. April 2003 die 19-jährige Jessica Lynch aus der Stadt Nasiriya. Die Bilder von mit Gewehren feuernden und Türen eintretenden US-Soldaten und der geretteten, in eine amerikanische Flagge gehüllten Soldatin wurden noch am selben Tag vom US-Militär freigegeben und umgehend global über TV-Sender ausgestrahlt. Die um die Befreiung dazu bewusst kolportierte Geschichte, nach der Lynch vor ihrer Gefangennahme bis zur letzten Patrone heldenhaft gekämpft und zahlreiche irakische Soldaten getötet habe, stellte sich durch Recherchen der *Times* zwei Wochen später genauso als Lüge heraus wie die Behauptung der Medien, sie sei in Gefangenschaft brutal misshandelt worden. Tatsächlich hatten irakische Ärzte Lynchs Leben gerettet, ihr sogar Blut gespendet, waren später aber beim Versuch, sie an amerikanische Sanitätskräfte zu übergeben, beschossen worden. Die Spezialeinheit hatte Lynch, die in Wahrheit keinen einzigen Schuss abgegeben hatte und auch nicht während Kämpfen, sondern bei einem Autounfall verletzt worden war, ebenfalls nicht wie dargestellt dramatisch aus einem Versteck befreit, sondern diese lediglich aus einem friedlichen Krankenhaus abgeholt, nachdem alle irakischen Truppen die Stadt am Vortag verlassen hatten. Aus den spielfilmreifen Aufnahmen, die die eingebetteten Journalisten lieferten, ergab sich noch eine weitere Propagandamethode für den *PSYWAR* des Pentagons. *Shock and Awe* nennt man die Taktik, die Soldaten des Feindes buchstäblich in Schockstarre versetzen soll. Martialisch anmutende Bilder von bestens ausgerüsteten US-Kämpfern und

Nach dem Sieg über Saddam Hussein wurden seine Statuen im ganzen Land gestürzt, wie hier in Bagdad am 9. April 2003.

neuestem Kriegsgerät sollten den Irakern in Vorbereitung auf die US-Bodenoffensive vor Augen führen, mit welcher militärischen Übermacht sie es zu tun bekommen würden. Durch Angst und Schrecken sollten sie demoralisiert, in die Flucht geschlagen oder vom Desertieren überzeugt werden. Bundesrepublikanische Medien begleiteten den Siegeszug der Amerikaner in Bagdad mit Analogien deutscher Kriege der Vergangenheit. Während der den Irakkrieg von Beginn an ablehnende *Spiegel* schon mal die Termini »Endkampf« und »Blitzkrieg«[66] bemühte, verglich *Focus* die »friedfertige und einende« Haltung Deutschlands im Irakkonflikt durch Kanzler Schröder *ad absurdum* mit »kriegsenthusiastischen« Reden Wilhelms II., der im Ersten Weltkrieg keine Parteien mehr gekannt habe, sondern nur noch Deutsche.

Die Bilder, die CNN von der Befreiung Bagdads brachte, waren propagandistisch sorgfältig fragmentiert und Framing unterzogen. Die Stadt jubelte, amerikanische Soldaten wurden mit Blumen und Tänzen empfangen, und jeder schien auf der symbolträchtig umgeworfenen Saddam-Statue herumtrampeln zu wollen. Da jedoch im Zuge des Irakkrieges CNN kein Monopol mehr auf Bilder geltend machen konnte, berichteten auf der anderen Seite auch arabische Sender von den Kriegsschauplätzen. Wenn der TV-Zuschauer im Verlaufe der Befreiung der irakischen Hauptstadt auf Al Jazeera umschaltete, konnte er sich lehrbuchartig davon überzeugen, wie es Propaganda gelingt, dasselbe Ereignis ganz unterschiedlich zu porträtieren. So erzählte der arabische Sender die Geschichte von einer brutalen Besetzung Bagdads, zeigte verstümmelte Leichen, verletzte Kinder und zerstörte Häuser und ließ interviewte Iraker über die amerikanischen Verbrecher und Invasoren in ihrer Stadt schimpfen. Der beendete Krieg hatte keine Veränderung mit sich gebracht, beide Seiten begriffen sich selbst jeweils weiterhin als gut und die anderen als böse.

Die irakische Propaganda des Dritten Golfkrieges bleibt untrennbar verbunden mit Muhammad as-Sahhaf, Saddam Husseins Informationsminister, der während des Krieges jeden Tag eine Pressekonferenz abhielt. Sollte seine Aufgabe eigentlich die Abschreckung des Gegners sein, schlug seine Propaganda so ins Gegenteil um, dass er von den Amerikanern den Spitznamen »Baghdadi Bob« und von den Briten »Comical Ali« erhielt und zu einem unfreiwilligen Internetphänomen avancierte, wobei er es bis auf T-Shirts und Kaffeetassen und als Actionfigur in amerikanische Läden schaffte. Seine Behauptungen wie beispielsweise, dass sich US-Soldaten aus lauter Angst vor Saddam zu Hunderten vor den Toren der Stadt das Leben nähmen, werden wohl selbst die wenigsten Iraker für bare Münze genommen haben. Während einer Konferenz berichtete der Informationsminister am 8. April 2003 auch, dass er versichere, dass kein einziger Amerikaner in Bagdad sei, obwohl gleichzeitig im Hintergrund bereits das Geschützfeuer von US-Panzern, die zu diesem Zeitpunkt nur in ein paar Hundert Meter Entfernung durch die Straßen der irakischen Hauptstadt rollten, deutlich zu hören war.

Kriegsanlasslüge: Massenvernichtungswaffen

Die Kriegsanlasslügen, die zum Irakkrieg führten, gehören sicherlich nicht zu den kreativsten, aber bestimmt zu den dreistesten der Geschichte von Kriegspropaganda. Umso bedenklicher ist es, dass George W. Bush damit durchkommen konnte. Heute ist bekannt, dass die militärisch gestützte Entmachtung Saddam Husseins durch die USA schon vor den Anschlägen des 11. Septembers 2001 auf der Agenda gestanden hatte, die Bush zunächst als Grund dafür anführte, nach Afghanistan auch in den Irak einzumarschieren – obwohl dieser nichts mit den Terrorakten zu tun gehabt hatte. Doch schon sein Verteidigungsminister Donald Rumsfeld hatte ihm unmittelbar nach dem 11. September vorgeschlagen, als Vergeltungsmaßnahme gleich beide Länder zu bombardieren. Bush suchte einen neuen Grund und fand ihn in der Behauptung, der Irak arbeite an einem umfangreichen Atomwaffenprogramm. Nachdem eine von Hussein akzeptierte UN-Inspektion dieses aber untersucht hatte und nicht bestätigen konnte, wechselte Bush erneut die Strategie und behauptete, Saddam verfüge stattdessen über biologische und chemische Massenvernichtungswaffen. Am 5. Februar 2003 führte sein Außenminister Collin Powell dafür vor dem UN-Sicherheitsrat Beweise an, unter anderem präsentierte er Satellitenfotos von Lastwagen mit vermeintlichen mobilen Biowaffenlaboratorien.

Außenminister Colin Powell führt vor dem UN-Sicherheitsrat aus, dass der Irak Biowaffen produziere.

Gleichzeitig verbreiteten US-Medien eine wahre Massenhysterie innerhalb der amerikanischen Öffentlichkeit, indem sie ein Szenario aufbauten – und ständig wiederholten –, wonach die USA direkt zum Anschlagsziel von Saddams jederzeit einsatzbereiten

Raketen werden könnte, sodass schließlich eine Mehrheit der Bevölkerung den als Präventivkrieg ausgegebenen Feldzug befürworten musste. Das dafür notwendige UNO-Mandat, den Irak anzugreifen, kam durch die Weigerung unter anderem Deutschlands, Frankreichs und Russlands allerdings nicht zustande. Der Bush-Regierung aber war das anscheinend egal, sie schmiedete stattdessen einfach allein mit Großbritannien eine »Koalition der Willigen« und bereitete völkerrechtswidrig die Invasion in den Irak vor, die in der Nacht zum 20. März 2003 unter dem Namen Operation Iraqi Freedom mit der erneuten Bombardierung Bagdads begann. Powells Beweise für die Massenvernichtungswaffen stellten sich nach dem Krieg wie auch die vorherigen Behauptungen, Saddam baue Atomwaffen, kaufe Uran in Afrika oder unterhalte Beziehungen zu Al-Quaida, als falsch heraus. Alle Verantwortlichen der Bush-Administration gaben ihre Fehler letztendlich zu, schoben allerdings die Schuld auf Fehlinformationen der Geheimdienste. Die Mehrheit der Historiker hält dieses Argument nicht für plausibel und ist davon überzeugt, dass die USA und Großbritannien einen Vorwand aufgebaut hätten, um in den Irak einzumarschieren, wobei in Wahrheit allerdings geopolitische und wirtschaftliche Interessen eine gewichtige Rolle gespielt hätten und die Verantwortlichen daher auch nicht vor Lügen zurückgeschreckt seien.

Digitale Informationskriege am Beispiel Syrien und Afghanistan

Krieg in Afghanistan: *zwischen 2001 und 2021; ca. 240 000 Tote*
Bürgerkrieg in Syrien: *seit Beginn am 15. März 2011 über 500 000 Tote bis heute*

Die Arten der Kriegsführung haben sich im Zeitalter globaler Digitalisierung verändert. Da wir uns noch mitten in dieser täglich rasant fortschreitenden Epoche befinden, ist es nahezu unmöglich, einheitliche Definitionen für die diese Zeit prägenden Begriffe anzugeben. Nach einem wissenschaftlichen Konzept wird das digitale Zeitalter in vier Evolutionsstufen unterteilt. Danach kennzeichnet die erste Stufe von 1990 bis 2000 die auf grundlegende Vernetzung ausgelegte Entwicklung des kommerziellen Internets und die zweite von 2000 bis 2015 das von sozialen Medien geprägte Konstrukt des Web 2. 0., in der das alltägliche Leben über das Internet bestimmt wird. Wir befinden uns demnach im Jahr 2023 in der sogenannten Reifephase, die bis 2030 andauern soll, bevor in der vierten Evolutionsstufe die völlige Verschmelzung zwischen realer und digitaler Welt erreicht werde. Kriege im digitalen Zeitalter werden heute neben konventionellen Mitteln immer gezielter als Informationskriege *(INFOWAR)* angelegt und geführt, in denen durch den Einsatz von Informations- und Kommunikationstechnologien die politische Destabilisierung eines feindlichen Staates und die eigene Überlegenheit erreicht werden soll. Während *CYBERWAR* die technische oder physische Zerstörung der gegnerischen Kommunikationsinfrastruktur verfolgt, werden alle Methoden und Ziele inhaltlicher Manipulation als psychologische Kriegsführung beschrieben. *PSYWAR* setzt darauf, durch Propaganda so viele Unterstützer wie möglich zu erreichen, lenkt die eigenen Soldaten und demoralisiert die des

Gegners. Eine immer größere Bedeutung in *INFOWARS* nimmt in den jüngsten Kriegen aber die Beeinflussung der Zivilgesellschaft ein. Es geht nicht mehr nur darum, die Zustimmung in der eigenen Gesellschaft zu erhalten, sondern auch die Sympathien der gegnerischen Bevölkerung zu erlangen oder andererseits diese einzuschüchtern und gegen ihre Regierung aufzubringen. Eine Besonderheit des *INFOWAR* ist, dass seine *PSYOP* über die Zeit des tatsächlich geführten Krieges hinausgehen. So wird die feindliche Zivilbevölkerung schon lange im Vorfeld einer geplanten militärischen Eskalation ins Visier genommen, um diese auszuloten oder vorzubereiten, was dazu führt, dass Informationskriege im Kampf um die öffentliche Meinung zum Dauerzustand mutieren, ohne dass sie als solche überhaupt bemerkt würden. Man spricht in diesem Zusammenhang auch von *asymmetrischer Kriegsführung*. Vor allem wirtschaftlich, finanziell und technisch unterlegene Staaten oder Terrorgruppen bedienen sich dieser Form. Die Propaganda von Al-Qaida im Vorfeld und während des Afghanistankrieges sowie auch die des Islamischen Staates (IS) im Zuge des Syrienkrieges geben eindrucksvolle Beispiele solch *asymmetrischer Kriegsführung* ab. Ein zentrales Motiv für beide Gruppen bildete dabei der sogenannte Dschihad, der den Krieg über die beteiligten Länder hinaus in die ganze Welt tragen soll. Gezielt werden Muslime dazu aufgerufen, durch Terroranschläge andere Staaten in einen Krieg hineinzuziehen oder sie durch die Verbreitung von Angst und Schrecken durch barbarische Mordtaten davon fernzuhalten. Die Propaganda des IS, die über 4500 europäische und amerikanische Sunniten so manipulieren konnte, dass diese bereit dazu waren, sich dem bewaffneten Konflikt in Syrien anzuschließen und für die Errichtung eines Islamischen Staates ihr Leben zu geben, erwies sich dank ihrer professionellen Organisation durch ihre mit erfahrenen Medienstrategen besetzten Propagandaorgane *Al-Hayat Media Center* und

Mu'assassat al-Furqan als äußerst effektiv. Zur Rekrutierung ihrer jungen Kämpfer über soziale Medien setzte die IS-Propaganda neben ihrer fortwährenden Berufung auf »heilige Legitimation« auf alle erdenklichen Manipulationsmethoden: Sie erzeugte Feindbilder, installierte Graswurzelbewegungen, schaffte *Bandwagon*-Effekte über eigens produzierte Musikvideos und lockte letztendlich auch mit dem Versprechen auf Geld, »gefügige Frauen« und Luxus.

Natürlich setzten die überlegenen, kriegführenden Staaten sowohl im Syrien- als auch im Afghanistankrieg ebenfalls Mittel psychologischer Kriegsführung ein. Barack Obama rechtfertigte schon die Ausweitung seiner Luftangriffe auf den IS vom Irak aus auf Syrien mit den kursierenden Enthauptungsvideos der Terrororganisation, gegen die der syrische Staatspräsident Assad, dem Obama auch vorwarf, Giftgas gegen die eigene Bevölkerung eingesetzt zu haben, nicht vorgehen könne oder wolle: »Im Kampf gegen den IS können wir uns nicht auf ein Assad-Regime verlassen, das sein eigenes Volk terrorisiert – ein Regime, das seine verlorene Legitimität nie wiedererlangen wird. Stattdessen müssen wir die Opposition als bestes Gegengewicht zu Extremisten wie dem IS stärken und gleichzeitig die politische Lösung anstreben, die notwendig ist, um Syriens Krise ein für alle Mal zu lösen.«

Nachdem sich im Jahr darauf unter anderen auch Frankreich, Großbritannien und Russland mit eigenen Luftschlägen an der Bekämpfung des IS in Syrien beteiligten, folgte nach den furchtbaren Anschlägen von Paris am 13. November 2015, bei denen 130 Menschen ermordet wurden, Deutschland mit einem militärischen Engagement. Aus dem seit dem 15. März 2011 tobenden Bürgerkrieg entwickelte sich neben einer globalen Flüchtlingskrise mit weitreichenden Folgen auch ein handfester propagandistischer Stellvertreter-*INFOWAR,* in dem die eine Seite – allen voran die USA, Saudi-Arabien und die Türkei – das Assad-Regime zu Fall bringen wollte, während die andere – maßgeblich Russland, China und der Iran – dies zu verhindern versuchte. Im Kampf um die Wahrheit setzten die Kontrahenten gezielt auf Desinformationskampagnen. Bereits nach dem Ausbruch des Krieges in der Ukraine 2014 wurde der Öffentlichkeit erstmals schon Putins sogenannte Troll-Armee bekannt. Über die verdeckte, von St. Petersburg operierende Internet Research Agency machten im staatlichen Auftrag fingierte Identitäten in sozialen Medien auch massiv Stimmung für die russischen Positionen im Syrienkrieg. Im Zentrum des sich entwickelnden Meinungskrieges standen immer wieder kursierende Videos von Giftgasangriffen, die entweder von einer Seite gefälscht der anderen vorgeworfen wurden, oder Fotos, die jeweils die gegnerische Partei beim Erstellen eines Fake-Videos entlarven sollten. Dabei wurden die unterschiedlichen in Syrien kämpfenden Gruppen immer von den ausländischen Medien der ihnen zu- oder abgewandten Seite konsequent entweder dämonisiert oder heroisiert. Neben dem IS galten die Assad-Truppen in den NATO-nahen Medienformaten fast ausnahmslos als böse, während Rebellengruppen, obwohl auch diese islamistische Interessen verfolgten und keine reine Weste aufzuweisen hatten, mehr oder weniger als zu »unterstützende Widerstandskämpfer« betrachtet wurden. Westliche Medien verbreiteten vor allem Falschmeldungen, weil sie sich aufgrund der fehlenden Möglichkeit eigener Kriegsberichterstattung auf oppositionsnahe Stellen wie die in Großbritannien ansässige Syrische Beobachtungsstelle für Menschenrechte verließen, die Assads Kriegsgräuel oftmals ohne Quellenangaben dokumentierte. Auch ihnen zugespielte Propaganda wurde von westlichen Journalisten immer wieder nicht als solche erkannt. Auf diesen Missstand wollte der norwegische Filmemacher Lars Klevberg aufmerksam machen, der ein unter dem Namen *Syrian Hero Boy* bekannt gewordenes Video auf Youtube einstellte, das angeblich einen syrischen Jungen aus Damaskus dabei zeigte, wie er todesmutig im Kugelhagel stehend seiner Schwester das Leben rettete.

Ausschnitt aus dem Fake-Video Syrian Hero Boy

Nicht nur wurde das millionenfach geteilte Video, das in Wahrheit mit professionellen Schauspielern auf Malta gedreht worden war, in sozialen Netzwerken für authentisch gehalten, auch TV-Sender in der ganzen Welt verbreiteten es als wahr – bis Klevberg schließlich selbst aufklären musste: »Indem wir einen Clip veröffentlichten, der authentisch erschien, hofften wir, uns ein Instrument zunutze zu machen, das im Krieg häufig verwendet wird: ein Video, das von sich behauptet, echt zu sein.«[67] Mögen die Filmemacher auch aus aufrechten Motiven heraus gehandelt haben, so wird doch der Videoclip bis heute propagandistisch genutzt, um auf Assads Vergehen aufmerksam zu machen, und ist letztendlich somit selbst zu dem geworden, was er versucht hatte anzuprangern: Propaganda.

Bis heute hält der Krieg in Syrien an, in dem wahrscheinlich sämtliche Parteien genauso Kriegsverbrechen begangen, unterstützt oder verschleiert haben, wie sie es den anderen vorwarfen. Während eine friedliche Lösung weiterhin nicht in Sicht ist und auch die Klärung, welche Seite denn nun eigentlich Giftgas eingesetzt hat oder nicht, immer noch aussteht, ist inzwischen das Medieninteresse am Bürgerkrieg in Syrien aufgrund neuer militärischer Konflikte nahezu erloschen. Hingegen gilt der Krieg in Afghanistan, der infolge der Anschläge vom 11. September 2001 in den USA von George Bush als Vergeltung begonnen und von Barack Obama und Donald Trump weitergeführt worden war, seit dem Abzug amerikanischer Truppen 2021 nach 20 Jahren als beendet – und darüber hinaus in jeglicher Hinsicht als misslungene Operation. Heute sind die Taliban, die über zwei Jahrzehnte mit allen erdenklichen Mitteln bekämpft worden waren, zurück an der Macht, als seien sie nie weg gewesen. Dabei war die NATO, je länger der Krieg in Afghanistan gedauert hatte, immer weiter von ihrer ursprünglichen Legitimierung nach Vergeltung für die Anschläge am 11. September abgerückt und hatte stattdessen Narrative bemüht, nach denen das unterdrückte afghanische Volk auf der einen Seite von den Taliban befreit werden wolle und müsse, andererseits der Westen in Afghanistan die eigenen Werte verteidigen würde. So hieß es etwa in einer Gipfelerklärung des NATO-Rates am 4. April 2009 in Straßburg:

> *In Afghanistan helfen wir dabei, Sicherheit für das afghanische Volk zu schaffen, unsere Bürger zu schützen und die Werte, nämlich Freiheit, Demokratie und die Menschenrechte, zu verteidigen. Unsere gemeinsame Sicherheit ist eng mit der Stabilität und Sicherheit Afghanistans und der Region verknüpft: eines Gebiets in der Welt, von dem aus Extremisten Anschläge gegen Zivilbevölkerungen und demokratische*

Regierungen planten und auch heute noch planen […] in enger Zusammenarbeit mit der afghanischen Regierung sind wir unverändert entschlossen, langfristig ein demokratisches Afghanistan zu unterstützen, das nicht erneut zu einem Stützpunkt für Terroranschläge oder einem Zufluchtsort für gewalttätigen Extremismus wird, der die Region destabilisiert und die gesamte internationale Gemeinschaft bedroht.
Aus diesem Grund bleibt Afghanistan die oberste Priorität des Bündnisses.[68]

Als Präsident Joe Biden am 31. August 2022 das Ende des Afghanistankrieges bekannt gab, war von den noblen Zielen der Demokratisierung des Landes und dem Kampf gegen die Unterdrückung der Frauen durch die Taliban – immerhin ein Lieblingsmotiv westlicher Reportagen – nichts mehr zu hören. Biden erklärte den Abzug der NATO-Truppen mit dem angeblich erfüllten Ziel: »Das liegt daran, dass wir in Afghanistan kein anderes essenzielles Interesse hatten, als einen Angriff auf Amerikas Heimatland und unsere Freunde zu verhindern […] Uns ist gelungen, was wir uns vor über zehn Jahren in Afghanistan vorgenommen hatten. Danach blieben wir noch ein Jahrzehnt. Es war an der Zeit, diesen Krieg zu beenden.«[69]

Auf der anderen Seite feierten die Taliban den Abzug der NATO-Truppen als großen Sieg der Scharia über den Westen. Auch die Terroristen hatten während des gesamten Krieges ihren Propagandaapparat professionalisiert, der inhaltlich besonders auf die Strategie setzte, den westlichen NATO-Staaten »antimuslimischen Rassismus« als Beweggründe für den Krieg in ihrem und anderen islamischen Ländern zu unterstellen. Hier sollten es die Werte der muslimischen Weltgemeinschaft »Umma« sein, die gegen die »ungläubigen Kuffa« verteidigt werden müssten. Dass der *PSYWAR* der Taliban dabei durchaus auch in demokratischen

Gesellschaften Erfolge erzielte, zeigte sich zuletzt an zahlreichen Stimmen in sozialen Netzwerken, die Propagandavideos, die nach der Rückeroberung Kabuls vergnügte Talibankämpfer auf Kinderkarussells und Autoscootern zeigten, als Beweis für die Friedfertigkeit der angeblichen Terroristen ansahen. Die Sinnhaftigkeit des Afghanistankrieges wird sich eines Tages nur in Gänze beurteilen lassen, wenn alle politischen und propagandistischen Interessen, die in den Krieg hineingeführt haben, aufgearbeitet sind. Keine Katastrophe, die sich im Zeitalter der Massenmedien ereignete, hat je für so viel mediale Aufmerksamkeit, Bestürzung, Wut und Trauer gesorgt wie die Anschläge vom 11. September 2001. Es existiert kein zweites Ereignis, für das jeder angeben kann, wo er sich währenddessen aufgehalten hat; über kein anderes Geschehnis existieren so viele Verschwörungstheorien, insbesondere zu der Frage, ob im Zusammenhang mit 9/11 eine Kriegsanlasslüge gesponnen wurde, die die kommenden Kriege gegen den Terror begründet haben könnte. Und obwohl Dutzende Bücher und Filme über Amerikas schwärzesten Tag entstanden sind, gehen sowohl die Meinungen als auch die propagandistische Ausschlachtung der Anschläge heute noch genauso weit auseinander wie schon am Tag der Tragödie. Das hat sicherlich nicht nur mit den weltumspannenden Konsequenzen zu tun, die darauf folgten, sondern ebenso mit zu vielen offenen Fragen und Ungereimtheiten in der Berichterstattung.

Exkurs: Ich selbst habe im Rahmen eines Stipendiums der TU Dortmund im Jahr 2011 zum zehnten Jahrestag der Anschläge eine Erhebung unter 1000 deutschen Usern sozialer Netzwerke durchgeführt, deren Ergebnisse *P.M. Perspektive* veröffentlicht hat.[70] Demnach glaubten ganze 49 Prozent an eine Verschwörung, die hinter den Attentaten steckte, 56 Prozent waren sich sicher, dass die Terrorakte nicht ohne Wissen der USA stattgefunden haben können, und 30 Prozent gaben an, dass sie mit Unterstützung amerikanischer Regierungskreise geschahen. Zahlreiche andere Umfragen weltweit kommen bis heute zu ganz ähnlichen Ergebnissen, doch keine Studie konnte bisher klären, ob oder inwieweit diese Annahmen medial beziehungsweise propagandistisch beeinflusst worden sind. Ausrichtung und Ziel dieses Buches folgend, sollen die einzelnen Verschwörungstheorien, die sich auf 9/11 beziehen, hier aber nicht weiter erörtert werden, denn nach 170 Seiten über Propaganda im Allgemeinen und Kriegspropaganda im Speziellen ist es Zeit, das nächsten Kapitel detailliert der Propaganda des aktuellen Krieges in der Ukraine zu widmen, der – wir ahnen es – voller Manipulationen und Täuschungen steckt.

KAPITEL 5
PROPAGANDA IM UKRAINEKRIEG

Russische Propaganda

Russland sieht sich nach eigenen Bekundungen mit einem Jahrzehnte andauernden antirussischen Informationskrieg konfrontiert, den westliche Regierungen und Medien begonnen hätten, um das Land systematisch zu destabilisieren und seine Bürger durch Desinformation und gleichzeitige Zensur russischer Medien zu täuschen. Moskaus Politiker begründen das vor allem mit dahinterstehenden wirtschaftlichen Interessen des Westens, werfen Amerikanern und Europäern aber auch eine »rassistische Motivation« im Rahmen einer um sich greifenden »Russophobie« vor. Um dagegen gewappnet zu sein, hat der russische Staat seine eigene Form des Informationskrieges entwickelt, der auf ein Konzept des Generalstabschefs Waleri Gerassimow aufbaut. Danach müsse aufklärerische Gegenpropaganda auf die westliche Gesellschaft einwirken, um gegen Russland installierte Unwahrheiten und Kampagnen zu entlarven. Die Organisation von Putins Propaganda stützt sich maßgeblich auf einen Propagandaapparat, den Wladislaw Surkow – auch als Kreml-Chefideologe bekannt – unter dem Namen Kreml-Pool aufgebaut hat, innerhalb dessen eine Gruppe ausgewählter Journalisten die Regierungsarbeit nach außen kommuniziert und festlegt, über welche Nachrichten russische Medien berichten sollen. Putin bestreitet, einen Krieg in der Ukraine zu führen. Um diesen zu kaschieren, hat seine Staatspropaganda den Euphemismus der »militärischen Spezialoperation« erfunden. Durch diese sollten die im Nachbarland lebenden russischen Vorfahren des Kiewer Rus – eines mittelalterlichen Großreichs, aus dem Russland, Belarus und die Ukraine hervorgingen – vor »ukrainischen Nazis« *(Name Calling)* geschützt werden.

Putin bei einem Treffen mit dem Nationalen Sicherheitsrat im Februar 2022

Experten machen als Hauptziele putinscher Ideologie wahlweise die nationale und regionale Wiedervereinigung mit den Kiewer Rus oder die Wiederherstellung des Einflussbereiches der ehemaligen Sowjetunion aus. Auch ein völkisch-nationalistisches Motiv, das auf die Errichtung einer russischen Welt abzielt – der *Russki Mir,* der alle ethnischen Russen angehören sollen –, wird diskutiert. Tatsache ist, dass Putin selbst den Zerfall der Sowjetunion als geopolitische Katastrophe empfindet und sich dazu gezwungen sieht, gegen die wachsende Bedrohung durch die Ausweitung der NATO in Osteuropa anzukämpfen. Russlands Medien stehen unter maßgeblichem Einfluss und strikter Lenkung des Kremls, die Pressefreiheit ist deutlich eingeschränkt. So wurden kurz nach Kriegsausbruch im ganzen Land Journalisten wegen ihrer kritischen Berichterstattung festgenommen. Ein am 4. März 2022 erlassenes Gesetz stellt die Verbreitung von Falschinformationen oder Kritik an dem Krieg in der Ukraine unter hohe Strafen und kann nach Verschärfungen mit 15 Jahren Haft geahndet werden. Unweigerlich zur Folge hatten die russischen Mediengesetze seit Kriegsausbruch, dass alle unabhängigen Medien ihren Dienst eingestellt haben. Die 2008 gegründete mediale Überwachungsbehörde Roskomnadzor spitzelt dazu die Bevölkerung aus und sendet täglich einschlägige Berichte an Innenministerium und Geheimdienste. Als eine der mächtigsten Waffen in Russlands Informationskrieg gelten die sogenannten Troll-Fabriken, die systematisch Fake-Seiten und Profile in sozialen Medien erstellen, um Desinformation zu betreiben. Der Krieg in der Ukraine ist der erste seiner Art, den man von überall aus der Welt fast live in sozialen Medien mitverfolgen kann. Russische Telegram-Kanäle übernehmen eine ganz neue Form von Kriegsberichterstattung und versorgen Hunderttausende ihrer Gruppenmitglieder unzensiert mit exklusiv von Frontsoldaten aufgenommenen Fotos und Videos, die sie bei Kämpfen zeigen. Zu sehen sind immer wieder entsetzlich entstellte Leichen ukrainischer Kämpfer nach erfolgreichen Angriffen oder Unterhaltungen mit Gefangenen. Ein im März 2023 millionenfach geteiltes Video soll sogar die Exekution des unbewaffneten ukrainischen Soldaten Tymofiy Mykolayovych

Shadura zeigen. Folgt man den Dokumentationen von in russische Gefangenschaft geratenen Männern auf einschlägigen Kanälen, scheinen sich auffällig viele von ihnen Hakenkreuze, SS-Runen und andere Nazi-Symbole auf ihrer Haut eintätowiert zu haben. Selbst Experten können bei gänzlich fehlenden Quellenangaben, der Fülle der Aufnahmen, der Schnelligkeit der Verbreitung und der Qualität der Bilder kaum einschätzen, was davon real und was Fälschung ist. Von der vermittelten Propaganda kann man unter diesen Umständen so gut wie nicht mehr erkennen, ob oder wann die russische Regierung selbst dahintersteckt. Medien in aller Welt sprechen daher bereits in Anlehnung an das weltweit bei jungen Leuten beliebteste Videoportal, in dem Tausende von aktuellen Kriegsvideos zirkulieren, vom ersten »TikTok-Krieg« der Geschichte. In sozialen Medien werden von russischen wie von ukrainischen Usern oder solchen, die einer der beiden Seiten nahestehen, täglich Dutzende von *Fake News* und Bildmanipulationen geteilt, die viele Tausend Menschen erreichen und wahrscheinlich täuschen. Auch die russische Nachrichtenagentur RIA Novosti sowie das Nachrichtenportal Sputnik und der News-Sender RT (ehemals RussiaToday), die speziell auf Auslandspropaganda ausgelegt sind, wissen TikTok im großen Stil zu Manipulationszwecken auszunutzen. Nach Ausrichtung dieses Buches auf Staatspropaganda werde ich im Folgenden nur mehr Beispiele für mediale Propaganda anführen, die über staatliche Stellen und etablierte Journalisten verbreitet oder aufgegriffen worden sind und nicht auf User-generierten Inhalt in sozialen Medien zurückgreifen, für den sich kein eindeutiger Nachweis über eine Beteiligung der Regierung erbringen lässt.

Russische Propagandisten wissen, dass sie neben der Organisation ihrer maßgeblich auf eine junge Zielgruppe ausgerichteten Internetpropaganda die klassischen Nachrichten nicht vernachlässigen dürfen. Im Gegenteil, denn zwei Drittel aller Russen geben nach Umfragen an, dass sie das staatliche Fernsehen weiterhin als Hauptquelle für Nachrichten benutzen. Eines der effektivsten Propagandamittel, um das ältere Publikum zu beeinflussen, sind dabei Talkshowformate wie etwa *Mesto Vstrechi*, die auf NTV ausgestrahlt und vom Propagandisten Andrey Norkin moderiert wird, *Vechers Vladimirom Solov'yovym* auf Russia-1 mit dem als »Einpeitscher« bekannten Fernsehmoderator Wladimir Solowjow oder *Wremya pokajet* auf Perwy Kanal mit dem als skrupellosesten seiner Zunft geltenden Artjom Schejnin.

Zu Russlands vorrangigen propagandistischen Zielen im aktuellen Ukrainekrieg zählt, das eigene Volk sowie das Ausland davon zu überzeugen, der Angriff auf die Ukraine sei präventiv und legitim. Dass die an die russische Bevölkerung gerichtete staatliche Propaganda damit durchaus erfolgreich ist, können Umfragen zu Beginn des Krieges nahelegen. Eine bis Ende März 2022 in Russland durchgeführte Befragung des nicht staatlichen soziologischen Forschungsinstitutes Levada offenbarte beispielsweise, dass 81 Prozent der Russen die Spezialoperation ihres Landes unterstützen. Auf die Frage, warum es diese überhaupt gebe, antworteten 43 Prozent der Befragten, dass dadurch ethnische Russen in der Ukraine geschützt und verteidigt würden, 25 Prozent gaben an, damit werde ein Angriff auf Russland verhindert, und 21 Prozent zeigten sich überzeugt davon, dass dadurch die Ukraine entnazifiziert werde. Daran, dass Russland territoriale Ansprüche an die Ukraine oder Teile davon hege, glaubten hingegen nur 3 Prozent der Befragten.[71]

Spezielles Kennzeichen gegenwärtiger russischer Propaganda ist, dass sich ihre Inhalte je nach Adressatenkreis deutlich unterscheiden. Maßgeblich können vier Zielgruppen definiert werden, die jeweils in ihren größten Ängsten, Empfindlichkeiten und Wertorientierungen ins Visier genommen werden:

1. Propaganda für die Russen

Das propagandistische Narrativ an die eigene Bevölkerung richtet sich maßgeblich daran aus, der Ukraine ein Existenzrecht abzusprechen. Sie sei demnach ein vom Westen geschaffenes »Antirussland«, gehöre rechtmäßig zu Russland, und ihre Einwohner seien allenfalls »manipulierte Russen« *(Name Calling),* die von Neonazis befreit werden müssten *(Prinzip 4).* Daher spricht die Propaganda des Kremls auch nicht von einem Krieg, sondern konsequent von einer »speziellen Militäroperation«, die durchgeführt werden müsse, da andernfalls das ausgemachte »neofaschistische Regime Kiews« Russland angreifen und zerstören würde und dies auch bereits geplant habe. Drahtzieher dabei sei eine »russophobe NATO«, die den Konflikt bewusst nutze, um Moskau zu destabilisieren oder zu entmachten. Fortwährend wird an Russlands Stärke appelliert, wie etwa an die Erinnerung daran, dass man niemals in der Geschichte Kriege verloren habe *(ad antiquitatem)* und der Sieg der Militäroperation nur eine Frage der Zeit sei. Den hervorgerufenen russischen Überlegenheitsgefühlen gegenüber Ukrainern wird weiterhin eingebläut, dass der Einsatz allein deswegen so hartnäckig verlaufe, weil man im Nachbarland nicht gegen dieses selbst kämpfe, sondern es dort mit der gesamten NATO aufnehmen müsse. Die eigenen Verluste werden marginalisiert und geschönt, die Stärke übertrieben. Die Propagandasprache greift *Glittering Generality* auf, wenn sie etwa von »Wiedervereinigung mit der Krim« oder vom Gebiet der Ukraine als »historisches Russland« spricht. Russische Flaggen, Bilder vom Kreml oder das neu geschaffene Zeichen »Z« sorgen als *Transfer* für das Zusammengehörigkeitsgefühl und die Identifikation zwischen Soldaten und Zivilisten. Auch werden die Verluste des Gegners bewusst übertrieben sowie der Kiewer Regierung Gräueltaten unterstellt, zum Beispiel, dass sie an der eigenen Bevölkerung im Donbass einen Völkermord begangen habe.

In Zusammenarbeit mit dem Westen solle die Ukraine darüber hinaus Massenvernichtungswaffen entwickelt haben, geheime Biowaffenlabore unterhalten oder an einer Atombombe bauen. So sagte der Sprecher des russischen Verteidigungsministeriums Igor Konaschenkow: »Wir haben Dokumente von Mitarbeitern ukrainischer Biolabors erhalten, dass die besonders gefährlichen Erreger von Pest, Anthrax, Tularämie, Cholera und anderen tödlichen Krankheiten am 24. Februar dringend vernichtet wurden.«[72] Verteidigungsminister Sergei Schoigu selbst gab bekannt, er sorge sich, dass die Ukraine eine Provokation vorbereite, die den Einsatz einer »schmutzige Bombe« (Nuklearwaffe) beinhalte.[73] Die Vorwürfe gegen die NATO wurden über russische Medien und Blogs konsequent ausgeweitet, nach denen die Ukraine mal als Testgelände für Waffen missbraucht werde, amerikanische Fallschirmjäger abgesprungen seien und eine Invasion vorbereiteten, die NATO eine Militärbasis in Odessa betreibe oder europäische Universitäten ihre russische Studenten verweisen würden. Eingerahmt werden solche Unterstellungen durch konsequentes *Name Calling* der Ukrainer als »Nazis«, »Faschisten«, »Satanisten« oder auch »schwulenfreundliche Liberale«.

2. Propaganda für die Ukrainer

Die russische Propaganda, die sich an die ukrainische Nachbarbevölkerung richtet, zielt darauf ab, mit allen Mitteln ihren Kampfgeist zu schwächen und sie gegen ihre eigene Regierung aufzubringen. Ein Narrativ kolportiert fortwährend, dass Russen und Ukrainer Brüder seien, dass die Ukraine Teil der russischen Zivilisation sei und ihre Zivilisten deshalb *ad temperantiam* nichts von Moskau zu befürchten hätten. Ihr Land könne aber *ad populum* nur gemeinsam mit Russland erfolgreich sein. Die Bürger des Anliegerstaates sollen davon überzeugt werden, dass ihre Regierung aus Verbrechern bestünde, die vom Westen gesteuert seien;

dieser wolle die einheimische Bevölkerung gezielt opfern, etwa indem er die Ukrainer bewusst mit veralteten oder nicht funktionierenden Waffen ausstatte. Es wird auch vor »degenerierten Werten« des Westens gewarnt, etwa vor einer »Gayropa«, die die guten gemeinsamen Traditionen der Ukrainer und Russen zu infiltrieren und zerstören versuche.

Kontinuierlich dämonisiert wird der ukrainische Staatspräsident Wolodymyr Selenskyj selbst, der laut russischer Propaganda und »Videobeweisen« vor allem immer wieder als drogensüchtig dargestellt wird.[74] Die staatliche Nachrichtenagentur TASS sowie auch der Fernsehsender Rossiya-1 wollten sogar wissen, dass Selenskyj aus Kiew geflohen sei.[75] Prorussische *Social Media Accounts* versuchten weiterhin vergeblich zu beweisen, dass er seine Videos aus dem Exil mittels der *Chroma-Keying*-Technik vor einem Greenscreen aufnehme.[76]

3. Propaganda für den Westen

Das große an den Westen gerichtete Narrativ beansprucht die Täter-Opfer-Umkehr und zielt auf Spaltung europäischer Gesellschaften und politische Schwächung der NATO ab, von der man sich verraten fühle, weil angeblich ausgehandelte Versprechen, nach denen diese sich nicht in Richtung Osteuropa hin hätte erweitern dürfen, gebrochen worden seien. Russland sei nun vom westlichen Militärbündnis eingekreist und müsse sich notgedrungen wehren, wohingegen man selbst überhaupt keine imperialistischen Ansprüche hege. Die Propaganda behauptet, die politischen Entscheidungen, die dem Ukrainekrieg vorausgegangen seien, hätten ihre Richtigkeit gehabt, die Krim sei ganz rechtmäßig und vor allem freiwillig Russland beigetreten. Ein zentrales Motiv des russischen Propagem besteht außerdem darin, die Bürger der europäischen Länder davon zu überzeugen, dass die von ihren Staaten auferlegten Sanktionen gegen Russland keinen Erfolg brächten, dafür aber ihren eigenen Wohlstand so sehr schwächten, dass sie den geopolitischen Niedergang ihrer Heimatländer besiegeln würden. Man würde ihnen vonseiten ihrer Regierungen verschwiegen, dass die Ukraine ein durch und durch korruptes und faschistisches Land sei, das auch gar nicht dafür vorgesehen sein könne, der EU oder der NATO beizutreten. Durch das Schüren von Antiamerikanismus soll den EU-Bürgern erklärt werden, dass Russland von den USA, die nur darauf sännen, ihren politischen und wirtschaftlichen Einfluss in Europa geltend zu machen, zerstört werden solle. Auch spielen die Propagandisten bewusst immer wieder auf ein in der EU sensibles Thema an: die katastrophale Flüchtlingspolitik. Vor allem will man die Angst vor Überfremdung durch ukrainische Flüchtlinge schüren. So verbreiteten russische Medien und Telegram-Propagandakanäle etwa ein Fake-Video, in dem ukrainische Schutzsuchende, die im nordrhein-westfälischen Wulfen untergekommen seien, beim Verbrennen einer russischen Flagge das Haus ihrer Gastfamilie in Brand gesteckt hätten.

Fake-Video vom Brand eines Hauses in Wulfen, das angeblich ukrainische Schutzsuchende angezündet hätten

Zu sehen war eine Frau, die über den Verlust ihres Eigenheimes weinte. Als Quelle des Videos, das auch von deutschen Nutzern über Twitter als authentisch ausgegeben und verbreitet wurde, war die *BILD* angegeben und mit Logo eingeblendet, tatsächlich handelte es sich um einen Zusammenschnitt verschiedener nicht zusammenhängender älterer Filmchen.[77]

Die in Europa weitverbreitete Angst vor Terrorismus wird ebenfalls aufgegriffen, indem der Kreml behauptet, dass die Waffen, die die NATO-Staaten lieferten, in den Händen internationaler Terrorbanden landeten, die sie irgendwann gegen die Westeuropäer einsetzen würden. Moskaus Propaganda versucht weiterhin zu suggerieren, dass russische Soldaten niemals zivile Ziele angreifen und keine Kriegsverbrechen begehen würden. Eine ihrer Methoden dafür ist es, von Russland verübte Verbrechen der Verantwortung Kiews unterzujubeln und diese zu beschuldigen, selbst solche umzusetzen. So kommunizierte die russische Propaganda gleich fünf *False-Flag*-Aktionen, nach denen ukrainische Provokateure den Kriegsausbruch selbst hätten erzwingen wollen. Nach einem Bombenangriff auf eine Entbindungsklinik in Mariupol am 8. März 2022, bei dem vier Menschen starben, behauptete das russische Verteidigungsministerium, das Kran-

Bis heute weist Russland die Schuld am Massaker von Butscha zurück.

kenhaus sei bekannterweise stillgelegt worden und überdies von Soldaten des Asow-Bataillons besetzt gewesen.[78] Nach dem Angriff auf den Bahnhof in Kramatorsk am 8. April 2022 mit 57 Toten behauptete Moskau, dieser sei von einer ukrainischen Rakete getroffen worden. Auch die Verantwortung für das Massaker von Butscha, während dessen im Frühjahr 2022 nach ukrainischen Angaben bis zu 458 Menschen von russischen Streitkräften ermordet worden waren, wies Moskau zurück und alle Schuld von sich.

Der Bestattungsdienst der Stadt meldete 340 Beisetzungen, wobei es derzeit nicht möglich ist, eine objektive Zahl der tatsächlichen Opfer anzugeben. Russische Medien und Politiker bemühten in den Tagen und Wochen nach dem Kriegsverbrechen alle möglichen, sich gegenseitig widersprechenden alternativen Versionen, nach denen entweder niemand in Butscha getötet wurde oder wahlweise Kiew, Großbritannien, die USA oder die gesamte NATO im Verbund mit der Ukraine die Schuld an den Morden trügen. Russlands stellvertretender Botschafter bei den Vereinten Nationen behauptete sogar, Butscha sei eine »abscheuliche Provokation ukrainischer Radikaler« gewesen.[79] Regierungsnahe Blogger und Journalisten versuchten anhand eines von der ukrainischen Polizei nach dem Massaker aufgenommenen Videos zu beweisen, dass die von Nachrichtenagenturen verbreiteten Bilder der etwa 30 auf Butschas Straßen gefundenen Leichen gefälscht seien, und legten nahe, dass diese mit Schauspielern nachgestellt worden seien.[80] Die russische Zeitung *Komsomolskaja Prawda* wiederum ließ verlauten, dass ukrainische Nationalisten einen Teil der Menschen in Butscha ermordet hätten.[81]

Insgesamt spielt die Angsterzeugung die gewichtigste Rolle der an den Westen gerichteten russischen Propaganda, wobei Putin immer wieder geschickt sein größtes Pfand einsetzt: die latente Drohung mit dem Einsatz von Atomwaffen und die bestehende

Gefahr einer Eskalation bis hin zum Ausbruch des »Dritten Weltkriegs«. Indem in Europa darüber hinaus Angst vor vermehrtem Einfluss von rechten und faschistischen Regierungen wie der in der Ukraine, in deren Gesellschaft der Nationalsozialismus fest verankert sei, geschürt wird, soll an die pazifistischen und antifaschistischen Werte der Europäer appelliert werden.

4. Propaganda für die restliche Welt

Die russische an die Entwicklungs- und Schwellenländer der Welt (globaler Süden) gerichtete Propagandastrategie zielt darauf ab, Russland als die größte Macht gegen den »imperialistischen Westen« zu inszenieren, die für den Schutz der weltweiten Ausbreitung des amerikanischen und westeuropäischen Kapitalismus stehe. Ängste in Ländern des globalen Südens wie die vor Unterernährung, Pandemien, wirtschaftlicher Not und »Rassenungleichheit« werden von russischen Propagandisten konkret aufgegriffen und angeheizt. So bedrohe der Ukraine-Konflikt etwa die weltweite Ernährungssicherheit. Der Gedanke, dass der Westen noch immer rassistisch und kolonialistisch denke, trifft auf eine Menge Befürworter in arabischen, afrikanischen und südamerikanischen Ländern. Wohingegen sozialistische Staaten die Ablehnung des westlichen Kapitalismus von Grund auf teilen, eint ehemalige von den USA in Kriege gezogene Länder der sich ausbreitende Antiamerikanismus genauso wie die Sorge vor neuen militärischen Konflikten mit Amerika. Dabei achten die Medien dieser Staaten penibel auf die aus Moskau stammenden Informationen, nach denen die Ukraine gefährliche Waffen entwickeln würde. Exklusiv für entsprechende Länder werden für Europäer abstrus klingende Bedrohungsszenarien gesponnen, wie etwa die, nach der die USA in der Ukraine eine Armee von Zugvögeln trainiere, biologische Waffen zu transportieren.

Ukrainische Propaganda

Die staatlich betriebene Propaganda der Ukraine kann anders als die russische kaum auf die Verbreitung von Unwahrheiten setzen, sondern muss bestrebt sein, als Instrument eines angegriffenen und unterlegenen Staates Vertrauen und Sympathie auf der ganzen Welt zu gewinnen. Dabei darf diese Wertschätzung vor allem nicht durch zu offensichtliche Lügen wieder aus der Hand gegeben werden, denn das Land ist zwingend darauf angewiesen, nicht nur stille oder moralische Unterstützer zu gewinnen, sondern Verbündete gegen Russland zu finden, die den Krieg aufseiten der Ukraine finanzieren und militärisch mitbestreiten, denn ohne diese wäre das Land nicht fähig, sich zu wehren. Für dieses Einwerben von Geldern, Waffen und militärischem Know-how setzt die Ukraine auf ausgefeilte Marketing- und PR-Konzepte

Präsident Wolodymyr Selenskyi hält am 11. April 2022 eine Rede in der Nationalversammlung der Republik Korea.

von Werbeagenturen, die vom eigenen Digitalministerium beauftragt werden. Im Zentrum der Propaganda steht unverkennbar Staatspräsident Selenskyj selbst. Er repräsentiert den sich tapfer wehrenden Underdog, der es mit dem »Schlächter Putin« aufnehmen muss. In seinen penibel vorbereiteten Reden vor der Weltöffentlichkeit erzählt er – stets gekleidet in grünem Militärhemd – das Narrativ des sich freiwillig und mutig gegen »das Böse« stemmenden ukrainischen Volkes. Die Erzählungen vom Drachentöter, der das unbezwingbare Monstrum besiegt, vom kleinen David gegen den übermächtigen Goliath, sind in der europäischen Kultur genauso verankert und geliebt wie spätestens seit der Französischen Revolution die Vorstellung vom einfachen Volk, das sich gegen seine Tyrannen auflehnt, sodass Selenskyjs Narrative hier per se schon mal auf großes Verständnis stoßen können.

Die Öffentlichkeit, die er braucht, bekommt der ukrainische Präsident, der unter anderem live vor dem kanadischen und britischen Parlament, vor dem US-Kongress und der Europäischen Union oder während der Oscar-Verleihungen 2022 sprach – stets begleitet von anhaltenden Standing Ovations *(Bandwagon).* Wo auch immer er seine Auftritte bekommt, Selenskyj weiß sein Zielpublikum mit Analogien zu seiner eigenen Geschichte auf seine Situation aufmerksam zu machen. Vor amerikanischem Publikum erinnert er an 9/11 und Pearl Harbor, vor deutschem an den Fall der Berliner Mauer, und in Frankreich appelliert er an *Liberté, Égalité, Fraternité.* Mit Blick auf Fukushima warnte er in Japan vor einer weiteren nuklearen Katastrophe, und in Großbritannien verglich er die Kämpfe in der Ukraine mit der Luftschlacht um England. Selenskyj gibt sich allen nahbar und menschlich *(Plain Folks)* und wendet sich auch als Freund an die russische Öffentlichkeit, indem er die Menschen direkt in ihrer eigenen Muttersprache Russisch anspricht.

Die Ukraine handelt völkerrechtlich legitim, wenn sie sich gegen den Angriff Russlands zur Wehr setzt; das beinhaltet auch alle Mittel der Kriegspropaganda, obwohl Selenskyjs Chefberater Andrej Smirnow abstreitet, dass sein Land überhaupt eine solche betreibe. Wörtlich sagte er: »Warum sollten wir lügen? Das macht doch gar keinen Sinn! Die Russen nutzen Propaganda, aber nicht wir.«[82] Die Leser des Buches wissen es an dieser Stelle besser. Ihnen ist bewusst, dass Propaganda nicht gleichzusetzen ist mit Lüge; außerdem ist klar, dass eine politische Seite, die von sich behauptet, keine Propaganda zu betreiben, genau durch eine solche Äußerung, die selbst propagandistisch ist, bestätigt, dass sie es tut. Die Ukraine wäre die erste kriegführende Nation der Weltgeschichte, die auf diese wichtigste Waffe des Krieges verzichten würde. Und wo reine Überzeugungskraft nicht mehr auszureichen scheint, da setzt auch die Ukraine manipulatorische Mittel ein und versucht, Gewissensbisse und Empörung der Bevölkerungen westlicher Staaten zu erzeugen. Der an der britischen University of Leicester ansässige Professor für politisches Marketing Paul Baines stellte heraus: »Selenskyjs Bemühungen, dem Westen Schuldgefühle aufzuzwingen, haben wahrscheinlich zu einer der größten Verschiebungen von Militärmaterial in ein anderes Land in der Geschichte geführt.«[83] Zuvorderst gehört zur landestypischen persuasiven Propaganda das hochgehaltene Narrativ, dass die Ukraine nicht nur für sich selbst Krieg führe, sondern vor allem die europäischen Werte und Grenzen verteidige und für Freiheit und Demokratie kämpfe *(Glittering Generality).* Auch bekannte Prominente werben öffentlich für dieses Ziel – für Deutschland vor allem die beliebten ehemaligen Boxer Vitali und Wladimir Klitschko *(Testimonials).* Der ukrainische Staatspräsident muss also selbst dafür sorgen, dass die Angst vor Russland und Putin beibehalten wird, damit die Unterstützung nicht weicht. Sollten dabei propagandistische Methoden der Unwahrheit helfen, können und werden sie im Interesse des Zieles gewissenlos eingesetzt. Am 7. März 2022 behaupteten ukrainische Behörden etwa, dass ihre Streitkräfte das russische Patrouillenschiff *Vasily Bykov,* das am Angriff auf die Schlangeninsel beteiligt war, vor der Küste Odessas erfolgreich mit Mehrfachraketenwerfern angegriffen und versenkt hätten.[84] Die Falschnachricht entlarvte sich selbst, als das Schiff neun Tage später am Marinestützpunkt der russischen Schwarzmeerflotte in Sewastopol anlegte. Doch für den Moment hatte die »Racheaktion« innerhalb der ukrainischen Propaganda ihre enthusiasmierende Wirkung erzielt. Aber nicht nur die eigenen Kämpfer will Kiew durch Erfolge motivieren, auf der anderen Seite müssen unabdingbar alle Befürworter und Förderer bei der Stange gehalten und die Behauptung untermauert werden, die Ukraine könne Russland schlagen, wenn sie nur bessere Waffen bekäme. In ihrem Überbewerten der eigenen Stärke bei gleichzeitiger Untertreibung der russischen Kräfte, was oftmals spöttischen Charakter aufweist, richtet sich die staatliche Propaganda methodisch gleichermaßen ans Ausland wie an das ukrainische Volk, das mit Durchhalteparolen, Siegesfeiern und fortwährenden Darbietungen von Niederlagen des Feindes dazu angehalten wird, nicht die Moral abzulegen. Fotos von Zivilsten beim Bau von Molotowcocktails oder Posieren mit Kalaschnikows zielten dabei zu Beginn des Krieges besonders auf *Bandwagon* ab. Ein wichtiger Vorsatz des nach innen gerichteten Propagems ist es, die einheimische Bevölkerung bei ihren patriotischen Gefühlen zu packen und im Kampf zu vereinen. Das geschieht auch mittels bildlicher Symbolik, in der die Farben der Nationalflagge und entschlossene Soldaten eine große Rolle spielen *(Transfer).*

Die Medien der Ukraine sind gründlich auf den *INFOWAR* eingestellt worden, während gleichzeitig die Regierung mit allen Mitteln versucht, die Informationshoheit zu behalten. Zu diesem

Bemühen gehört auch die staatliche Einschränkung der Pressefreiheit. Während prorussische Medien verboten worden sind, hat Selenskyj die Fernsehsender seines Landes nach Kriegsausbruch allesamt als Informationsplattform der strategischen Kommunikation *(#UArazom)* zusammengeschlossen und unter Staatskontrolle gestellt. Ihre Hauptaufgabe ist seither, regierungskonform und nach Kriegsrecht über die Sicherheitslage im Land und die getroffenen Entscheidungen der Regierung zu berichten. Zahlen zu eigenen Verlusten dürfen nicht veröffentlicht werden, in der Regel auch keine Fotos von gefallenen ukrainischen Soldaten *(Card Stacking)*. Journalisten werden kontrolliert, und wer sich nicht an Absprachen hält, beispielsweise an das von den Streitkräften verhängte Gebot der Geheimhaltung, wird festgenommen und hart bestraft. Auch die Zivilbevölkerung ist bei Strafe angehalten, keine Bilder vom Kriegsgeschehen ins Internet zu stellen.

Insgesamt setzt die Propaganda der Ukraine deutlich Mittel zur *Dämonisierung* Russlands ein, mehrfach hat die russische Regierung seit Beginn des Krieges Strafverfahren gegen ukrainische Journalisten wegen Aufrufen zu Massakern an Soldaten und Zivilisten eingeleitet. Der Nachrichtensprecher Fahruddin Scharafmal verwendete in seinem TV-Format Kanal 24 ein Zitat Adolf Eichmanns, nach dem man zuallererst Kinder töten müsse, um eine Nation auszulöschen. Er ergänzte: »Die ukrainische Armee kann russische Kinder nicht töten, weil das wegen der Kriegsregeln und verschiedener Konventionen, einschließlich der Genfer, verboten ist. Aber ich gehöre der Armee nicht an, und wenn ich die Gelegenheit bekomme, den Russen das anzutun, werde ich sie nutzen.«[85] Der ukrainische Moderator und Journalist Dmitry Gordon wollte hingegen die Grausamkeit der feindlichen Soldaten dokumentieren und verbreitete auf seinem Telegram-Kanal das Foto eines blutverschmierten Kleinkindes, das während russi-

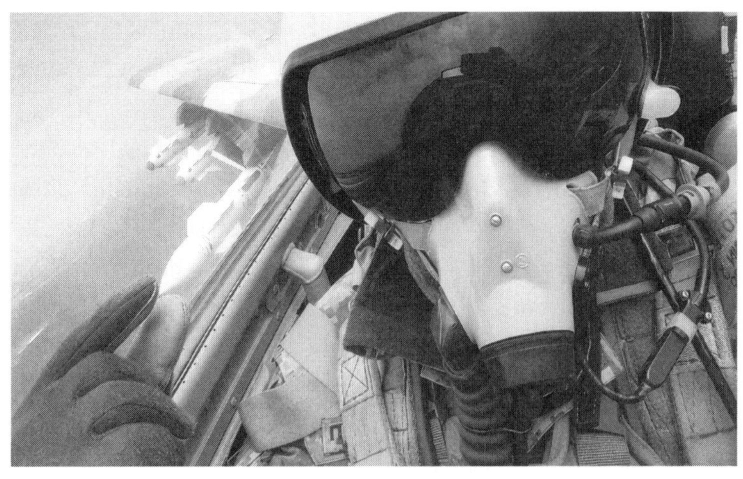

Den »Geist von Kiew« hat es als reale Person nie gegeben.

scher Bombardements auf Charkow entstanden sein sollte. In Wahrheit hatte sich Gordon eines Fotos bedient, das am 3. Januar 2018 nach der Bombardierung der Stadt Misraba durch Streitkräfte der syrischen Regierung aufgenommen worden war.[86] Zur *Heroisierung* des eigenen Landes gehört auf ukrainischer Seite auch die Erschaffung von Heldenfiguren. Ein prägnantes Beispiel ist die erfundene Geschichte eines mysteriösen Kampfpiloten mit dem Namen »Geist von Kiew«, von dem behauptet wurde, er alleine habe sechs russische Kampfflugzeuge abgeschossen. Dazu teilten die offiziellen Twitter-Accounts der Ukraine und der ukrainischen Streitkräfte am 27. Februar 2022 ein Video, das einen spektakulären Abschuss eines russischen Kampfjets durch den »Geist von Kiew« zeigen sollte, was sich aber alsbald als Szene aus dem Videospiel *Digital Combat Simulator* herausstellte, die von Internetpropagandisten mit weiterem Material zusammengeschnitten worden war.

Auch die Ukraine gab zwei Monate später zu, dass es den »Geist von Kiew« als Person nie gegeben habe. Wie der Namen schon nahelege, sei er erschaffen worden, um die Kampfmoral zu steigern. Ähnliches galt für die vorschnelle Nachricht Selenskyjs, dass alle auf der Schlangeninsel stationierten 13 ukrainischen Soldaten bei einem Angriff zweier russischer Kreuzer am Tag des Kriegsausbruchs getötet worden seien, denen er umgehend Heldenstatus verlieh. Der über Funk mitgeschnittene Satz eines beteiligten Soldaten – »Russisches Kriegsschiff, fick dich!« – erlangte binnen Stunden Kultstatus auf der ganzen Welt und schweißte Ukrainer und ihre Verbündeten in den ersten Tagen des Krieges eng zusammen.

Ukrainische Briefmarke zu den Ereignissen auf der Schlangeninsel

Am 28. Februar musste die Regierung Selenskyjs dem Dementi der russischen Armee, dem zuvor kein Glauben geschenkt worden war, recht geben: Die zu Märtyrern stilisierten Soldaten waren lediglich gefangen genommen worden.[87] Für die Verbreitung ihrer Propaganda kann die Ukraine auf Hilfe von Abertausenden instruierten oder freiwillig engagierten Usern sozialer Netzwerke zählen, deren *Fake News* oftmals so punktgenau erscheinen, dass sie immer auch wieder von westlichen Medien übernommen und als echt verkauft werden. Als Beispiel steht hier ein Foto, das Zigtausende von Russen beim Desertieren nach Erhalt ihres Einzugsbefehls zeigen soll, tatsächlich aber dem Burning Man entstammt und Liebhaber elektronischer Musik beim Paradieren auf dem Gelände des unter diesem Namen veranstalteten Festivals in der Wüste Nevadas zeigt.[88] Längst ist der Cyberkrieg seitens der Ukraine voll aufgenommen worden. Für die vom Digitalministerium geschaffene Ukrainian IT-Army sind viele Tausend Freiwillige jeden Tag mit Cyberangriffen auf russische Medien und Infrastruktur beschäftigt. In Deutschland hat sich als Verbreiter ukrainischer Propaganda, gerade über soziale Medien, besonders der mittlerweile ehemalige Botschafter der Ukraine und heutige Vize-Außenminister des Landes, Andrij Melnyk, hervorgetan, der eine so auffällige aggressive Form der Rhetorik einsetzte, dass sie seine Regierung vermutlich nicht im positiven Sinne weitergebracht hat. So kommentierte er Kritik an seinen Forderungen stets mit persönlichen Beleidigungen. Unter anderen nannte er Olaf Scholz eine »beleidigte Leberwurst«, Sahra Wagenknecht eine »widerliche Hexe«, Michael Roth ein »Arschloch«, Jürgen Habermas einen »Putinversteher«.[89] In Kriegszeiten kommt es auch auf ukrainischer Seite darüber hinaus generell zur Verrohung von Sprache und aggressivem *Name Calling.* In Medien bedienen sich Journalisten und Politiker zur sprachlichen Herabsetzung russischer Soldaten etwa Neologismen wie »Orks«, »Rashisten« (Kofferwort aus Russen und Rassisten), »Chmobiks« (Kofferwort aus *Tschmobiki* – »tief gesunkener Mann« und *Mobiki* – »abschätzig für mobilisierter Soldat«) oder »Colorados« (Kartoffelkäfer/Schädling in farblicher Anlehnung an prorussische Uniformen in der Ostukraine).

KAPITEL 6 UKRAINE-BERICHT-ERSTATTUNG IN DEUTSCHEN MEDIEN UND PLÄDOYER FÜR EINEN BESSEREN JOURNALISMUS

Die Berichterstattung über den Ukrainekrieg in der westlichen und insbesondere in der deutschen Medienlandschaft kann man aus journalistischer und medienwissenschaftlicher nicht mehr nur als ungenügend oder lückenhaft bezeichnen, sondern sie muss schon als dilettantisch deklariert werden. Die Hauptgründe für diesen Missstand liegen in Einseitigkeiten, Simplifizierungen, fehlender Objektivität und Regierungsnähe verortet, wie sie sich sämtlich bereits während der Berichterstattung vergangener Krisen zu Migration, Flüchtlingen, Klima und, auf die Spitze getrieben, zur Corona-Pandemie bemerkbar gemacht haben. Natürlich sind diese Missstände nicht mit denen einer gleichgeschalteten Presse zu vergleichen, denn keine Form der Kritik ist hierzulande verboten oder würde sanktioniert. Doch sie kommt deutlich zu selten und zu zaghaft zum Zuge. Immer wieder scheint es, dass sich in Krisenzeiten nach anfänglicher allgemeiner Unsicherheit durch eine plötzliche Veränderung oder Bedrohung nicht nur die deutsche Regierungspolitik eine Agenda zurechtlegt, sondern dass diese auch mehr oder weniger von den deutschen Leitmedien akzeptiert und übernommen und fortan zum einzig richtigen

Weg erklärt werden müsse. Energiewende ist Pflicht, Zuwanderung ist Pflicht, Impfen ist Pflicht, militärischer Beistand ist Pflicht. Zum wiederholten Male legt sich politisch und medial eine Art moralische Selbstverpflichtung über die Notwendigkeit, kritische Stimmen zu hören, die vor Gefahren von zu einseitig gefassten Beschlüssen warnen wollen. Erneut ereilt Bürger dieses Landes das Gefühl, nicht Teil eines Entscheidungsprozesses zu sein, sondern von oben herab darüber belehrt zu werden, welche Haltung zulässig sein soll und welche nicht. Abermals werden mahnende Stimmen ins Lächerliche gezogen oder ihnen eine böse Absicht unterstellt, oft nur weil sie nicht dem einfachsten Weg der »guten Absichtserklärung« oder der vermeintlich vorherrschenden Meinung folgen, sondern differenzierter argumentieren und nach Kompromissen suchen. Dabei geht es im Ukrainekrieg um viel mehr als darum, sich auf »der richtigen Seite« zu positionieren und gegen den Aggressor Russland Stellung zu beziehen. Die unkritische Übernahme von Propagemen, insbesondere der ukrainischen, sowie entweder die fehlende Kompetenz oder der Wille, die russische Perspektive zu erklären, um sich so überhaupt erst in die Lage hineinversetzen zu können, Moskaus Propaganda zu entlarven, könnten sich als nächste Eskalationsstufe der gesellschaftlichen Spaltung innerhalb Deutschlands und Europas erweisen und so Putin direkt in die Karten spielen. Denn die Gefahr geht eben nicht alleine von Russland aus, sondern bemisst sich in diesem *INFOWAR* auch an Fehlern, die wir selbst begehen. Konkret sagt dazu der ehemalige Generalinspekteur der Bundeswehr Harald Kujat: »Der Ukrainekrieg ist nicht nur eine militärische Auseinandersetzung; er ist auch ein Wirtschafts- und ein Informationskrieg. In diesem Informationskrieg kann man zu einem Kriegsteilnehmer werden, wenn man sich Informationen und Argumente zu eigen macht, die man weder verifizieren noch aufgrund eigener Kompetenz beurteilen kann.«[90]

Dass die von etlichen Bürgern geäußerten Kritikpunkte wie beispielsweise fehlende Unvoreingenommenheit, Unausgewogenheit und Regierungsnähe innerhalb der Berichterstattung über den Ukrainekrieg keine bloße Einbildung sind, legt eine erste umfassende, von der Johannes-Gutenberg-Universität Mainz geförderte Studie nahe. Wissenschaftler der Otto Brenner Stiftung haben dazu die Qualität von insgesamt knapp 4300 journalistischen Beiträgen acht bedeutender deutscher Leitmedien vom Beginn des Krieges bis zum 31. Mai 2022 einer quantitativen Inhaltsanalyse unterzogen und die Ergebnisse am 31. Januar 2023 veröffentlicht. Unter die Lupe genommen wurde die Ukraine-Berichterstattung von *FAZ*, *Süddeutscher Zeitung*, *Bild*, *Spiegel*, *Zeit*, ARD – Tagesschau, ZDF Heute und RTL aktuell. Demnach fiel der Anteil von Politikern, die sich in den Artikeln zum Krieg äußern durften, mit 48 Prozent fast zur Hälfte auf die SPD, zu 23 Prozent auf GRÜNE und zu 17 Prozent auf CDU und CSU. Politikern der Linkspartei und AfD hingegen wurde laut Studie praktisch gar keine Medienpräsenz gewährt.[91] Inhaltlich eingenommen wurde in den Beiträgen mit 42 Prozent am häufigsten die Perspektive Deutschlands, gefolgt von der Sicht der Ukraine auf den Krieg mit 28 Prozent. Die Betrachtungsweisen anderer Nachbarstaaten Russlands auf den Konflikt waren mit 20 Prozent noch doppelt so häufig vertreten wie die Perspektive Russlands, die nur zehn Prozent des journalistischen Interesses generieren konnte.[92] Putin wurde – wenig verwunderlich - einheitlich zu 96 Prozent negativ dargestellt. Auf der anderen Seite waren die Beiträge zur Person Selenskyjs dieser zu 67 Prozent positiv zugewandt, um einen Prozentpunkt nur noch übertroffen von Außenministerin Annalena Baerbocks Rolle im Krieg, die zu 68 Prozent positiv behandelt wurde.[93] Was die Ursachen betrifft, die zum Krieg geführt haben, sahen die Journalisten der deutschen Leitmedien Russland zu 93 Prozent in der Verantwortung. Der

USA und der NATO maßen sie mit 4 Prozent und der Ukraine mit 2 Prozent so gut wie keine Mitverantwortung für den Konflikt oder dessen Eskalation bei.[94] Die militärische Unterstützung der Ukraine hingegen traf innerhalb der journalistischen Darstellung zu 74 Prozent auf Zustimmung, und selbst die Lieferung schwerer Waffen stieß noch auf einen 66-prozentigen befürwortenden Anteil. Auf dem letzten Platz der möglichen Konfliktlösungsmöglichkeiten rangierte die Option diplomatischer Verhandlungen mit Russland, die nur in weniger als der Hälfte der Beiträge – zu 43 Prozent – als sinnvoll betrachtet wurde.[95]

In puncto Waffenlieferungen folgte die Berichterstattung zum Untersuchungszeitpunkt der Agenda der Regierung, die sich bis heute nicht geändert, sondern sogar durch das mehrfache Überschreiten selbst gesetzter roter Linien noch verschärft hat. Konsequenterweise drückt sich in der zitierten Studie die einzige nennenswerte journalistische Regierungskritik in der Person Olaf Scholz aus, der zu zögerlich mit der Befürwortung der Aushändigung deutscher Waffen gewesen sei.[96] Speziell die Frage nach Waffenlieferungen ist deswegen von so entscheidender Bedeutung, weil sie exakt eine Seite der beiden in Deutschland vorherrschenden Narrative des Krieges abbildet. Die Regierung folgt derjenigen, die besagt, dass Putin nur die Sprache der Waffengewalt verstehe und die einzige Lösung im Niederringen seiner militärischen Kräfte bestehe – was im Umkehrschluss eben verstärkte Waffenlieferungen bedeutet. Das mehrheitlich im Volk befürwortete Narrativ beinhaltet hingegen, dass weitere und effektivere Waffen den Krieg nur unnötig in die Länge zögen und für unaufhaltsames, sinnloses Blutvergießen auf beiden Seiten sorgten. Nach aktuellen Umfragen wünschen sich 63 Prozent (Civey)[97] und 67 Prozent (Yougov)[98] der deutschen Bürger diplomatische Lösungen statt Waffenofferten. Das widerspricht nicht nur der politischen Umsetzung, sondern nach der herangezogenen

Studie auch der Mehrheit der veröffentlichten Meinung durch deutsche Leitmedien insgesamt, die in der Frage der Waffenlieferungen den Bundeskanzler sogar dazu antrieben, die ausgehandelte Agenda seiner Regierung umzusetzen beziehungsweise noch zu verschärfen. Ganz nebenbei könnte die Studie der Otto Brenner Stiftung unbeabsichtigt ein weiteres Manko des deutschen Journalismus untermauert haben, denn zwischen den für ihre Arbeit untersuchten Darstellungsformen Bericht und Kommentar haben die Forscher keinen Unterschied gemacht. Dass sich aus Berichten aber so deutlich verschiedene Sichtweisen herauslesen ließen, könnte die Beobachtung stützen, dass sich entgegen journalistischer Prinzipien objektive Berichterstattung und Meinungsberichterstattung immer stärker vermischen und weniger voneinander abgrenzen lassen.

Abgeleitet von Clausewitz' Theorie über den »Nebel des Krieges« kann aktuell niemand wissen oder konkret einschätzen, wie der Krieg in der Ukraine ausgehen wird. Umso tragischer ist es, dass Alternativen zum Weg der Regierung, unterstützt offensichtlich von einem Großteil deutscher Medien, nicht ernst genommen werden. Dabei sind die möglichen Gefahren für Europa, die aus einer weiteren Verschärfung des Konfliktes entstehen könnten, keineswegs geringer geworden. Während zu Beginn des Krieges in der Gesellschaft noch kursierende Sorgen über eine etwaige Eskalation hin zu einem »Dritten Weltkrieg« oder Atomkrieg ernst genommen worden sind, werden heute zunehmend die in diese Richtung denkenden Mahner als »Putinversteher« und »Verschwörungstheoretiker« verunglimpft. Zumindest in dieser Hinsicht scheinen hiesige Medien also nichts aus ihrem Fehlverhalten der einseitigen Corona-Berichterstattung gelernt zu haben.

Selbstverständlich könnte sich herausstellen, dass sich der Weg, Putin militärisch zu schlagen, als der richtige erweisen wird, sollte Russland schließlich so den Krieg verlieren. Doch das würde die Notwendigkeit der Wende hin zu einer staatsferneren und pluralistischeren Berichterstattung für die Zukunft nicht aufheben, wollte man dem sinkenden Vertrauen in den Journalismus effektiv entgegenwirken. Allerdings ist das nur eine Seite der gebotenen Optimierung. Außerdem zeigt sich, dass deutsche Medien den komplexen Anforderungen eines Informationskrieges, in den sich dieses Land unweigerlich hineinmanövrieren ließ und zukünftig auch im Rahmen anderer Konflikte immer wieder hineingezogen werden könnte, nicht gewachsen sind. Es steht zu vermuten, dass ein Großteil der Verantwortlichen bis jetzt nicht mal gemerkt hat, dass Deutschland längst Kriegsteilnehmer geworden ist und entsprechend in absehbarer Zeit zu den großen Verlierern auf der Weltbühne zählen könnte. Die Verfehlungen zeigen sich im aktuellen Konflikt maßgeblich an zwei generellen Problemen. Erstens übernehmen deutsche Medien entweder aus Regierungstreue, Mangel an Alternativen oder durch eine unbedingt gewollte Positionierung auf der »Seite des Guten« ukrainische Propagandainhalte. Zweitens sind sie durch die Weigerung, die russische Perspektive einzunehmen, nicht in der Lage dazu, Moskaus Propaganda überhaupt entlarven zu können. Aus beidem folgt, dass sich Deutschland zum Spielball von wechselseitiger Kriegspropaganda macht und sich der eigenen Handlungsfähigkeit beraubt. Besonders bedauerlich für unser Land ist zunächst, dass wieder einmal die Dämonisierung durch *reductio ad hitlerum* herhalten muss, um sich in einem Krieg zu positionieren. Wie zuvor Saddam oder Milošević wird im derzeitigen Konflikt Putin mit der Person Adolf Hitlers gleichgesetzt. Während diese perfide Analogie die ehemaligen westlichen Alliierten des Zweiten Weltkriegs dazu motivieren mag, die Welt noch einmal von einem Monster befreien zu wollen, lässt sich philosophisch nur darüber spekulieren, warum diese gerade in Deutschland eine solch übersteigerte Relevanz besitzt. Fast scheint es, ein von

Schuldgefühlen heimgesuchtes deutsches Volk suche immer wieder nach Schurken, die es mit seinem schlimmsten Albtraum, Adolf Hitler, aufnehmen könnten, um durch die Bekämpfung dieser vermeintlichen Ebenbilder Wiedergutmachung leisten und der ganzen Welt zeigen zu können, dass man nun anständig geworden ist. Wahrhaft hässlich ist, dass man für diesen Komplex bereit ist, die Verbrechen der Nationalsozialisten zu verharmlosen und die Singularität des Holocausts aufzuweichen. Eine Doppelmoral zeigt sich ebenso darin, dass jetzt, wo Russland eindeutig als »böse« ausgemacht ist, in unseren Medien »mit Vorliebe« über jene rekrutierte Soldateska berichtet wird, die sich an Ukrainerinnen vergeht. Bis heute können Historiker und Journalisten, die die Vergewaltigung von möglicherweise zwei Millionen deutschen Frauen gegen Ende des Zweiten Weltkriegs durch Soldaten der Roten Armee thematisieren, zum Leidwesen aller ehemaligen Vertriebenen mit Revanchismus-Vorwürfen rechnen.

Darüber hinaus lässt sich eine womöglich weitere Eigenheit der Deutschen beobachten. Neben dem Gefühl, Dämonen zu bekämpfen, scheinen diese nämlich auch den Glauben verinnerlichen zu müssen, dem ausgemachten Gegner mal wieder in allen Belangen überlegen zu sein. Sie müssen oder wollen darauf vertrauen, dass Putin mehr oder wenig leicht zu schlagen ist. Dafür kommt den Deutschen die von Kiew an den Westen gerichtete ukrainische Propaganda anscheinend nur zu gelegen, denn hiesige Medien übernehmen die entsprechenden Narrative oft nahezu ungefiltert. Der unbändige Bedarf des Glaubens an einen »Endsieg« könnte erklären, warum deutsche Journalisten arglos propagandistische Übertreibungen über militärische Erfolge der Ukraine einerseits und über russische Schwäche andererseits übernehmen und befeuern. Immer wieder soll Putin unheilbar krank oder verrückt sein, ein ums andere Mal stehen Revolten gegen ihn kurz bevor, seine Panzer seien Schrott, seine Generäle unfähig, seine Soldaten schlecht ausgebildet, durchweg unmotiviert, kämen vornehmlich bereits aus Gefängnissen und litten an Heimweh und Munitionsmangel, sodass sie sich schon nur noch mit Spaten wehren könnten. Dass die tatsächlichen Verluste beider Seiten in Wahrheit so gut wie gar nicht eingeschätzt werden können, zeigen allein die unterschiedlichen Meldungen, welche die Armeeführungen der Kriegsparteien veröffentlichen. Während das ukrainische Verteidigungsministerium nach einem Jahr des Krieges im Februar 2023 von mehr als 145 000 gefallenen russischen Soldaten und bis Jahresende 2022 von 6000 Verlusten auf der eigenen Seite spricht, sollen nach russischen Angaben bis Ende 2022 insgesamt 13 000 eigene Soldaten und 61 000 ukrainische gefallen sein.[99] Neben diesen übernommenen Übertreibungen und Marginalisierungen bedient sich hierzulande die Boulevardpresse inzwischen sogar einer propagandistischen Glorifizierung der Effektivität gelieferter deutscher Waffen, indem sie ihren Weg durch die Ukraine samt gelungenen Abschüssen penibel nachverfolgt. Mit der Übernahme oder Erstellung solcher Propageme rückt sich Deutschland selbst kontinuierlich in die Rolle eines Kriegsteilnehmers und folgt damit ironischerweise genau Putins Plan, nach dem sein Land nicht gegen die Ukraine kämpfe, sondern sich einem vom Westen angezettelten Hegemonialkrieg ausgesetzt sehe. Während in den ersten Wochen des Krieges in der hiesigen Berichterstattung noch die territoriale Integrität der Ukraine und die Unterstützung des angegriffenen Volkes vor Ort im Vordergrund gestanden hatten, wird medial nun immer häufiger verlautbart, dass sich in der Ukraine die Existenz und der Fortbestand ganz Europas entscheiden würde. Der Sieg gegen Putin wird also zur Pflicht für uns alle erkoren. Politisch auf Kriegsmodus eingeschworen, scheint hingegen die Zeit vergessen, in der man hierzulande in der allgemeinen Wahrnehmung kaum einen Unterschied zwischen Russland und seinem westlichen Nachbarland gekannt hat. Verdrängt sind längst Fakten, nach denen die Ukraine vor dem Kriegsausbruch auf dem Demokratieindex lediglich Platz 95 belegt hat und als »hybrides Regime« eingestuft worden war. Ebenso, dass sie mit aktuellem Stand auf der weltweiten Rangliste der Pressefreiheit Platz 106 und auf dem globalen Korruptionsindex sogar nur Platz 122 einnimmt und damit nach Russland als das korrupteste Land Europas gilt. Jetzt geht alles nunmehr um den Kampf der Demokratien gegen die russische Autokratie. Nie gründlich thematisiert oder verdrängt wurde hingegen, dass Kiew ab 2014 vom Westen gelieferte Waffen gegen die eigene Bevölkerung in der Ostukraine eingesetzt hat, nur kurz mal verlegen angerissen, dass im berüchtigten Asow-Bataillon (heute Sturmbrigade Asow) kein unerheblicher Anteil tatsächlicher Neonazis gekämpft hat. Das alles gibt ein Sinnbild eines Ideologems, wie es sich Putin nicht sehnlicher hätte herbeiwünschen können. So wie der russische Staatspräsident behauptet, der Westen wolle sein Land vernichten, unterstellen hiesige Politiker diesem doch längst das Gleiche mit Europa. Und so wie Putin den Ukrainern vorwirft, keine echten Europäer abzugeben, verwenden in deutschen Talkshows geladene Gäste bereits exakt die gleichen Stilmittel. Die Politikwissenschaftlerin und stellvertretende Leiterin des Instituts der Europäischen Union für Sicherheitsstudien Florence Glaub etwa durfte am 12. April 2022 in der Talkshow *Markus Lanz* sagen: »Ich glaube, wir dürfen nicht vergessen, dass, auch wenn Russen europäisch aussehen, es keine Europäer sind – im kulturellen Sinne.«[100]

Dabei hätte sich Deutschland, anstatt sich als Vorreiter des moralischen Kampfes gegen Russland aufzuspielen, technologisch und intellektuell einen viel wichtigeren Platz im *INFOWAR* sichern können, nämlich sich der russischen Propaganda zu stellen und ihre Methoden zu erklären. Voraussetzung dafür wäre allerdings zunächst die Erkenntnis gewesen, dass unangenehme

Dinge nicht verschwinden, wenn man sie ausklammert. Die Zensur russischer Nachrichtenkanäle gehört dabei wohl zu den naivsten Maßnahmen, die europäische Politiker hatten treffen können. Kurz nach Beginn des Krieges hatte die EU am 1. März 2022 ein Sende- und Verbreitungsverbot von RT und des Nachrichtenportals Sputnik wegen Bedrohung der öffentlichen Sicherheit und zum Schutze vor destabilisierender Propaganda angeordnet und offizielle Webseiten und Apps sperren sowie Lizenzen für Live-TV aussetzen lassen. Am 12. März folgte die größte Videoplattform Youtube und blockierte nach eigenen Angaben »eine nicht näher bezeichnete Anzahl vom russischen Staat kontrollierter Medien«. Seither erfreuen sich die russischen Propagandasendungen von RT und Sputnik neben denen zahlreicher anderer Formate großer Beliebtheit auf diversen weiteren frei zugänglichen Plattformen und Telegram-Kanälen. In Moskau weiß man und hat genau beobachtet, dass das Vertrauen der Deutschen in ihre Leit- und Mainstreammedien so niedrigschwellig ist wie nie zuvor in der Geschichte der BRD. Der Kreml kann nun nicht nur mit der Beschwerde darüber punkten, dass Nachrichteninhalte in Deutschland gesperrt und zensiert würden, und so die Wahrnehmung vieler Deutscher befeuern, nach der man ihnen in Krisenzeiten politisch die Wahrheit vorenthalte, sondern Russlands Propaganda kann auf diese Weise auch ungehindert weiter und viel nachdrücklicher auf uns einwirken. Denn, was nicht konsumiert oder angeschaut werden soll, hat schon immer die Nachfrage massiv in die Höhe schnellen lassen, wohingegen im Zeitalter globaler Digitalisierung Zensur noch weniger Sinn ergibt, denn die unliebsamen Kanäle brauchen einfach nur verlagert und umgeleitet zu werden. Mit anderen Worten, Putins Propaganda kann hier nicht nur trotz Sperrung theoretisch von jedem empfangen werden, sondern kommt durch diese Maßnahme erst recht zur vollen Entfaltung. Vor allem deshalb, weil diejenigen, die besonders empfänglich für entsprechende Propagandainhalte sind, auch diejenigen sind, die das geringste Vertrauen in die deutschen Mainstreammedien setzen und gerade daher nach allem suchen, was von diesen zensiert oder nicht empfohlen wird. Genau darauf ist Moskaus Auslandspropaganda ausgerichtet. Wenn dann aber diese Propageme noch ungefiltert wirken können und niemand da ist, der die Manipulationstechnik dahinter erkenntlich macht – was eine wichtige Aufgabe aller deutschen Journalisten wäre –, dann ist die maximale Effektivität der Propaganda erreicht.

Indem deutsche Politiker und Medienformate Angst davor zeigen, die russische Perspektive auf den Krieg zu thematisieren oder auszustrahlen, weil sie vielleicht glauben, die Menschen in ihrem Land könnten dadurch manipuliert werden, verhelfen sie Putins Propaganda im Gegenteil selbst zu ungeahnter Macht. Russische Propagandisten haben einfachstes Spiel, über ihre an das deutsche Publikum gerichteten Kanäle Manipulation zu betreiben. Dabei nutzen sie gekonnt auch den Umstand aus, dass in unseren Mainstreammedien, vor allem im TV-Bereich und hier besonders in den öffentlich-rechtlichen Sendern, fast ausschließlich Negatives über Russland berichtet wird. Es scheint, als dürfe all das, was man hierzulande mal an den Russen geschätzt hat, nun nicht mehr thematisiert werden oder als dürften überhaupt keine positiven Nachrichten aus dem Land, das 48-mal so groß ist wie Deutschland, vermeldet werden. Eine solche Logik würde exakt der Propaganda folgen, wie sie in allen Kriegen zur Anwendung kommt. Immer war es vonnöten, das Volk des Kriegsgegners als durchweg »böse« darzustellen, damit die eigene Bevölkerung nicht an der Notwendigkeit des verordneten Bekriegens zweifelt. Es ist völlig einleuchtend, wenn Russland und die Ukraine diese Taktik in ihrer *psychologischen Kriegsführung* ein- und umsetzen. Nicht verständlich ist hingegen, warum sich Deutschland die schwarz-weißen Zeichnungen der ukrainischen

Propaganda zu eigen macht, da es sich doch, trotz einer wohl und hoffentlich versehentlich getätigten gegenteiligen Behauptung von Außenministerin Baerbock im Januar 2023 vor dem Europarat in Straßburg,[101] gar nicht in einem Krieg mit Russland befindet. Man würde doch nach logischem Menschenverstand meinen, die Verurteilung eines Angriffskrieges und der Verantwortlichen dafür führten nicht automatisch zur Verteufelung eines ganzen Landes. Doch genau das spüren viele deutsche Spätaussiedler, von denen sich noch ein erheblicher Teil mit Russland verbunden fühlt, heute in unserem Land, wenn sie in der Öffentlichkeit Russisch sprechen oder es versäumt haben, die Flaggen ihres Herkunftslandes in den Keller zu verfrachten. Medial erzeugte oder begünstigte Wut auf Russen schlägt russischstämmigen Kindern in unseren Schulen entgegen, äußert sich als Mobbing am Arbeitsplatz genauso wie an eingeschlagenen Fensterscheiben russischer Geschäfte. Sie führt dazu, dass sich aus Russland stammende Sportler, Künstler und Wissenschaftler Anfeindungen und Ausgrenzungen ausgesetzt sehen, wenn sie sich nicht in Eigeninitiative regelmäßig und scharf von Putin distanzieren. Während in der Ukraine bis Ende 2022 bereits 19 Millionen Bücher russischer Autoren aus Bibliotheken verbannt worden sind, wird auch hierzulande schon darüber diskutiert, ob Dostojewski, Tolstoi oder Solschenizyn noch ein Platz in deutschen Lehrplänen eingeräumt werden sollte. Diese düsteren Entwicklungen können nicht allein der Tatsache entspringen, dass Putin den Krieg begonnen hat; sie können auch nicht darauf zurückzuführen sein, dass notwendigerweise über russische Gräueltaten und Kriegsverbrechen berichtet wird. Es lässt sich viel mehr damit erklären, dass fast *ausschließlich* Negatives über das mit 17,1 Mio. Quadratmetern flächenmäßig größte Land der Erde in die Schlagzeilen gerät beziehungsweise dass all das andere, alles Normale, Alltägliche und Gute, das sich auf den 9288 Kilometern zwischen St.

Petersburg und Wladiwostok ereignet oder in der Vergangenheit geschehen ist, nahezu ausgeklammert wird. Es fehlt in unseren Medien nicht nur – wie die oben zitierte Studie der Otto Brenner Stiftung herausgefunden hat – die russische Perspektive auf den Krieg, sondern die russische Perspektive allgemein. Das ist nicht nur im Sinne des gegenwärtigen und besonders zukünftigen Verhältnisses zwischen Deutschen und Russen bedauerlich, sondern dieser verwehrte Blick auf Russland durch konsequente Nichtbeachtung dessen, was nicht negativ ist, hemmt uns auch in unseren Aufklärungsmöglichkeiten über russische Propaganda. Statt auf Übernahme ukrainischer Durchhaltepropaganda zu vertrauen, wäre die effektivste Methode, gegen Manipulationsversuche aus Moskau vorzugehen, dem deutschen Publikum genau aufzuzeigen, wie Propaganda generell funktioniert und wie sie im aktuellen Krieg Anwendung findet – und zwar auf beiden Seiten. Zu Lehrzwecken müsste man dann allerdings russisches Staatsfernsehen auch zu sehen bekommen, und die Sendungen sollten natürlich besprochen werden. Damit würden die Lügen aus Moskau nicht nur ihren Reiz des Verbotenen verlieren, sondern sich – schlüssig widerlegt und methodisch eingeordnet – fast wie von selbst entlarven. Wenn aber weiter die Devise vorherrscht, dass das Verdrängen unangenehmer Inhalte sicherer wäre, als sich diesen zu stellen, geschieht gar nichts.

Dabei sind eben – es sei nochmals erwähnt – keine Waffen gegen Propaganda so effektiv einsetzbar wie Aufklärung und Bildung – zwei Tugenden, die gerade in diesem Land einmal besonders hochgehalten worden sind. Auf diese Weise gewappnet, könnte man theoretisch selbst einen russischen Propagandisten in eine deutsche Talkshow einladen. Was könnte denn effektiver und nachhaltiger wirken, als dass Lügen vor einem Livepublikum stichhaltig aufgedeckt werden? Oder dass die manipulatorische Absicht dahinter offengelegt wird? Warum findet also der Kampf gegen russische Propaganda nur im Verborgenen, nach Hörensagen oder *ad hominem* als Diskussion mit Strohpuppen statt? Solange sich solche Präventivstrategien derart defensiv abspielen, können Moskaus Propageme weiterhin ganz einfach den Mythos aufrechterhalten, dass sich westliche Medien der Wahrheit schlicht nicht stellen wollten. So appellierte beispielsweise Talkmaster Wladimir Solowjow in seiner Show wenig schmeichelhaft an die »Nazibastarde« Olaf Scholz und Annalena Baerbock nach einem Hinweis darauf, dass im russischen Fernsehen jeder seine Meinung kundgeben könne, wie folgt: »Im Gegensatz zu euch, Missgeburten des Vierten Reiches! Ihr, die ihr Angst habt, euren unglücklichen Bürgern die Wahrheit zu sagen.«[102] Dabei werden in russischen TV-Formaten keinesfalls wie in anderen diktatorischen Staaten kontroverse Meinungen schlicht zensiert. Man braucht im Gegenteil zur Schaffung einer vom heimischen Publikum geliebten aufgeladenen Stimmung prodemokratische oder NATO-freundliche Positionen ausländischer Talkgäste und auch ukrainische Stimmen, die zuweilen erstaunlich offen und nachdrücklich äußern dürfen, was ihnen missfällt und Angst macht. Diese Darbietungen dienen allerdings weniger dazu, die sich differenziert äußernden Gäste faktisch zu widerlegen, als sie mitunter vielmehr gnadenlos niederzubrüllen oder dem Publikum durch geschickte manipulative Rhetorik zu suggerieren, dass die russische Seite immer recht habe. Um Form und Art der putinschen Propaganda aufzuzeigen, müsste man hierzulande natürlich nicht wirklich Scharfmachern wie Solowjow eine Ausdrucksmöglichkeit im Fernsehen verschaffen. Seine Sendungen aber zu zeigen und seine Taktik im Anschluss oder begleitend kommentiert Stück für Stück zu widerlegen, das verspräche überaus erfolgreich im Kampf gegen Desinformation zu sein. Zum Beispiel könnte man Solowjows oben zitierte Aussage ausstrahlen und ihr direkt einen Ausschnitt aus der Sendung seines Talkshowkollegen

Andrei Norkin entgegenhalten, der sofort beweisen würde, dass man in bestimmten Positionen und Bereichen eben im russischen Fernsehen doch nicht frei seine Meinung äußern kann. Norkin zeigte sich nämlich unlängst erstaunlich ehrlich dementsprechend, nachdem er sich in seiner Sendung geweigert hatte, den Abzug russischer Truppen aus der Stadt Cherson zu bewerten – ganz offensichtlich aus Sorge, andernfalls eine lange Haftstrafe verbüßen zu müssen. Er sagte: »Falls Sie jetzt von mir erwarten zu erklären, was ich von dieser Situation halte: Ich werde Ihnen dazu gar nichts sagen und ich erkläre Ihnen, wieso. Falls ich den Entscheid unterstütze und sage, dass der Verteidigungsminister richtig handelt, indem er die Truppen abzieht, dann rufe ich öffentlich zur Verletzung von Russlands territorialer Integrität auf.«[103]

Im Folgenden soll abschließend ein praktisches Beispiel aufzeigen, wie man bereits cleverer mit russischer Propaganda hätte umgehen können, statt damit verbundene Manipulationsversuche aus falscher Vorsicht gar nicht erst aufzugreifen. Schon wenige Stunden nachdem der ukrainische Fernsehsender Espreso TV am 2. April 2022 ein Video auf Youtube veröffentlicht hatte, das während einer Autofahrt durch den gerade von russischen Truppen geräumten Ort Butscha aufgenommen worden war, luden Dutzende Social Media Accounts und prorussische Telegram-Kanäle angebliche Beweise hoch, die die im Video zu sehenden, auf den Straßen liegenden Leichen der Einwohner als ukrainischen Fake entlarven wollten. Tatsächlich entsteht in der gefilmten Sequenz beim Zuschauer der Eindruck, als würden sich einige der Toten nach Passieren des Militärkonvois bewegen und regelrecht aufraffen. Zu erkennen ist dies im Rückspiegel des Wagens, durch den die Kamera unbeabsichtigt auch das aufnimmt, was hinter dem Konvoi passiert. Laut mitgeliefertem Propagem der prorussischen Accounts habe es sich bei den vorgeblich getöteten

Zivilisten um von Kiew engagierte Schauspieler gehandelt, mit denen man dem russischen Militär ein Kriegsverbrechen unterjubeln wollte, um dann den zögerlichen Westen von der Grausamkeit der putinschen Kriegsführung zu überzeugen. Wie bereits im vorangegangenen Kapitel dargestellt, griff die Regierung in Moskau diese angeblichen Beweise auf. Das Verteidigungsministerium und das Außenministerium teilten das »Beweisvideo« über Twitter und sprachen von einer organisierten antirussischen Medienkampagne. Am 4. April lag eine offizielle Erklärung Moskaus darüber vor, dass die Regierung über Beweise verfüge, nach denen das Video gefälscht worden sei. Der zu diesem Zeitpunkt bereits hunderttausendfach in propagandistischer Absicht geteilte Clip schien – folgt man den Diskussionen auf einschlägigen Plattformen – eine große Anzahl von Usern sozialer Medien weltweit von der russischen Darstellung überzeugt zu haben. Auch in deutscher Sprache wurde das Video samt diversen Beweisführungen zur Darlegung der ukrainischen *False-Flag* massiv verbreitet. Die Manipulation wurde nicht erkannt, weil sie ohne professionelle Hilfe auch nur äußerst schwer zu erkennen war. Während in den Foren und Netzwerken heftig diskutiert und gestritten wurde, griffen die rund um die Uhr über die Grausamkeit des Massakers berichtenden deutschen Mainstreammedien die Debatte um das Video hingegen nicht auf. Dafür bekamen aber immerhin Experten aus aller Welt die Gelegenheit, mittels einer Reihe von stichhaltigen Beweisen – unter anderem durch Satellitentechnik – zu zeigen, dass entgegen Moskaus Behauptung russische Soldaten für die in Butscha verübten Kriegsverbrechen verantwortlich sein mussten. Während die Verurteilung des Verbrechens und auch die Diskussion über mögliche Sanktionierung der Taten zu diesem Zeitpunkt journalistisch vorrangig waren, wurde jedoch die einmalige Chance vertan, am praktischen Fall des instrumentalisierten Videos darstellen zu können, wie *geframte* Bildpropaganda entsteht, funktioniert und sich auswirkt. Denn ein nicht geringer Teil derjenigen, die der Manipulation auf den Leim gegangen waren, dürfte von dem Entlarvungsvideo, das ungleich seltener geteilt wurde, später gar nicht mehr erfahren haben. Man hätte Wirkung und Ausbreitung der russischen Vertuschung der Verbrechen von Butscha anhand dieses konkreten Beispiels glaubhaft darlegen und entsprechend eindämmen können, wie man es mithilfe Dutzender ähnlicher Fälle regelmäßig tun könnte. Die Erkenntnisse für die hier diskutierte Causa lagen indes schnell vor, bereits am 3. April hatten Online-Communitys eindeutige Gegenbeweise für die russische Behauptung vorlegen können. Der Twitter-Account Aurora Intel Network schaffte es als Erstes, durch Slow Motion und technisches Invertieren der Farben zur Kontrastmaximierung schlüssig zu dokumentieren, dass der im Video entstandene Eindruck der »lebenden Leichen« durch Zerrbilder des Außenspiegels hervorgerufen wurde. Ein sich angeblich bewegender Arm eines der Toten ließ sich zudem als optische Täuschung durch einen laufenden Wassertropfen auf der Fensterscheibe des Wagens nachweisen. Kurze Zeit später teilte auch der britische Investigativ-Journalist Shayan Sardarizadeh für BBC-Monitoring via Twitter eine Fotodokumentation samt technischer Erklärung der für Moskau so unverhofft gekommenen vorteilhaften Illusionen; sie ließ keinen Zweifel mehr daran, dass die Behauptung, die Leichen würden sich bewegen, eine propagandistische Lüge sein musste. Außer dem vergleichsweise wenig beachteten Online-Faktenchecker von Deutsche Welle, für den ein Digital-Forensiker den Clip noch einmal in einzelne Frames zerlegte, um die Täuschung zu kennzeichnen, griffen in der Folge hiesige Medien den Fall des instrumentalisierten Videos kaum oder nur am Rande auf. In den Mainstream- und Leitmedien ging der bizarre Täuschungsversuch nahezu komplett unter.

Dieses ausgewählte Beispiel aus der russischen Propagandatrickkiste sollte verdeutlichen, dass es in modernen Informationskriegen von entscheidender Bedeutung sein kann, mediale Manipulationen, die selbst in Windeseile gestrickt werden können, schnellstmöglich aufzudecken und zu Lehrzwecken über die wichtigsten Medien an die breite Masse zu kommunizieren, bevor sich das gewünschte Propagem maximal verbreiten kann. Diesen Herausforderungen sind deutsche Leitmedien nicht ausreichend gewachsen. Es bleibt uns jedoch allen zu wünschen, dass diese bittere, aber garantiert zu erwartende Erkenntnis für die Berichterstattung über den Ukrainekrieg zu notwendigen Optimierungsprozessen führt – und dass diese sich positiv auch auf die gebotene journalistische Sorgfaltspflicht auswirken werden, sodass erforderliche Debatten über den Umgang mit medialer und politischer Propaganda angeregt werden und sich das spürbar gesunkene Vertrauen in den Journalismus durch fehlende Objektivität, mangelnde Meinungspluralität und zunehmende Regierungsnähe nicht gleich wieder auf die Dokumentation der kommenden Krisen übertragen wird.

NACHWORT UND DANKSAGUNG

Mir ist bewusst, dass ich in meinen Rollen als *freier* Journalist, Historiker und Autor deutlich bequemer kritisieren und Missstände in den Medien aufdecken kann als Kollegen, die sich in fester Anstellung befinden und sich an Vorgaben ihrer Arbeit- und Auftraggeber halten müssen, die wiederum von kommerziellen und politischen Interessen beeinflusst sind. Ich weiß aus vielen persönlichen Gesprächen, dass so mancher »gebundene« Berufsgenosse selbst liebend gerne *freier* arbeiten würde.

Ich bin fest davon überzeugt, dass Journalisten, die ihren Beruf aus aufrichtiger Überzeugung gewählt haben – ganz gleich, ob sie für Leitmedien oder alternative Medien tätig sind –, sich der Wahrheit verpflichtet fühlen, und finde, dass die vom Presserat formulierten Kodizes nach wie vor den richtigen Rahmen vorgeben. Wie Sie diesem Buch entnehmen konnten, bin ich – wie vermutlich einige Leser ebenfalls – allerdings mit der aktuellen Umsetzung in der Praxis nicht einverstanden. Meine Absicht war es, Ihnen Medienmanipulation und Propaganda in sämtlichen Formen und Ausprägungen verständlich zu machen. Einen guten Journalisten zeichnet aus, dass er sich Medienkritik zu Herzen nimmt und um das Ansehen seines Berufes bedacht ist. Das Gleiche sollte für Politiker gelten, doch hier hege ich »in historischer Erfahrung« weniger Hoffnung auf Einsicht, obwohl mir – vor allem im lokalen Bereich - einige Gute und Engagierte ihrer Zunft bekannt sind, von denen ich mir wünschen würde, dass sie statt anderer die Karriereleiter besteigen und sich oben dann weiterhin treu bleiben.

Bedanken möchte ich mich nicht zuletzt bei Anna Mechler, Christian Strasser, Franz Leipold und Barbara Stang für die notwendige Unterstützung, dass dieses Buch erscheinen konnte. Meinem während des Schreibprozesses daran drei Jahre alt gewordenen Sohn Enno wünsche ich, dass er auch später so medienkritisch bleiben wird, wie er sich bereits zeigt. Seine Argumente, die er vorträgt, damit *Muppet Babies* statt *Paw Patrol* läuft, finden Mama und Papa plausibel.

Frieden den Menschen in der Ukraine!

Im Frühjahr 2023
Christian Hardinghaus

PROPAGANDAMETHODEN

ANMERKUNGEN

1 Evans, Harold: Pictures on a Page: Photo-journalism, Graphics and Picture Editing. London 1978, Einleitung.
2 Lippmann, Walter: Die Öffentliche Meinung. Wie sie entsteht und manipuliert wird. Frankfurt/Main 2018, S. 306.
3 Luhmann, Niklas: Die Realität der Massenmedien. Wiesbaden 1995, S. 5.
4 Vgl. Taylor, Richard: Film Propaganda. Soviet Russia and Nazi Germany. London 1979, S. 20.
5 Maletzke, Gerhard: Bausteine zur Kommunikationswissenschaft 1949–1984. Ausgewählte Aufsätze zu Problemen, Begriffen, Perspektiven. Berlin 1984, S. 100.
6 Vgl. Ponsonby, Arthur: Falsehood in Wartime. Propaganda Lies of the First World War. London 1928. Vgl. Morelli, Anne: Prinzipien der Kriegspropaganda. Springe 2004.
7 Zit. n. Der Freidenker. Organ der Freigeistigen Vereinigung der Schweiz, Jahrgang 34, Nr. 12. Aarau 1. Dezember 1951.
8 Le Bon: Psychologie der Massen. Hamburg 2015, S. 150.
9 Bernays, Edward: Propaganda - Die Kunst der Public Relations. Deutsche Ausgabe. Berlin 2007, S. 19.
10 Ebd., S. 22.
11 Ebd., S. 21.
12 Vgl. ebd., S. 19.
13 Kunczik, Michael: Public Relations. Konzepte und Theorien. Köln/Weimar/Wien, S. 35.
14 Zit. n. Bussemer, Thymian: Propaganda. Konzepte und Theorien, Wiesbaden 2015, S. 24.
15 Vgl. Hardinghaus, Christian: Der ewige Jude und die Generation Facebook. Antisemitische NS-Propaganda und Vorurteile in sozialen Netzwerken. Marburg 2012.
16 Revell, Jean-Francois: Die Herrschaft der Lüge. Wie Medien und Politiker die Welt manipulieren. Darmstadt 1990, S. 11.
17 Chomsky, Noam: Media Control. Wie Medien uns manipulieren. München 2003, S. 56.
18 Vgl. dazu die fünf Filter des Propaganda-Modells, in: Chomsky, Noam/Herman, Edward S.: Manufacturing Consent. The Political Economy of the Mass Media. New York 2002, S. 1–35.
19 Vgl. Ellul, Jacques: Propaganda. Wie die öffentliche Meinung entsteht und geformt wird. Frankfurt 2021.
20 Vgl. Bussemer.
21 McClang Lee, Alfred/McClang Lee, Elisabeth Briant (Hrsg.): The Fine Art of Propaganda. A Study of Father Coughlin's Speeches. New York 1939, S. 26–108.
22 Vgl. dazu Eagly, Alice H./Chaiken, Shelly: The Psychology of Attitudes. Fort Worth 1993, S. 16 ff. Vgl. auch Güttler, Peter O.: Sozialpsychologie. Soziale Einstellungen, Vorurteile, Einstellungsänderungen. München 1996, S. 72.
23 Vgl. Clausewitz, Carl von: Vom Kriege. Hamburg 2008.
24 Wachtell, Cynthia: Representations of German Soldiers in American World War I Literature, in: Schneider, Thomas F. (Hrsg.): »Huns« vs. »Corned Beef«:

Representations of the Other in American and German Literature and Film on World War I. Göttingen 2007, S. 64.

25 Wells, H. G.: The War that Will End War. London 1914, S. 98 f.

26 Vgl. Doyle, Arthur Conan: The German War, in: The Arthur Conan Doyle Encyclopaedia (3.10.2019), URL: https://www.arthur-conan-doyle.com/index.php/The_German_War#:~:text=Thus%20I%20say%20that%20for,has%20at%20present%20no%20appeal.

27 Kipling, Rudyard: Abgedruckte Rede Southport Guardian, 23 June 1915, in: The Kipling Society 2023, URL: https://www.kiplingsociety.co.uk/readers-guide/rg_speeches_29.htm.

28 Vgl. Stack: Liam: The Lusitania Telegraph Has Been Recovered, but It May Not Solve Any Mysteries, in New York Times, 3.8.2017, URL: https://www.nytimes.com/2017/08/03/world/europe/lusitania-telegraph.html#:~:text= The%20ship's %20manifest%20made%20no,doomed%20the%20ship%2C%20she%20said.

29 Zit n. Hoffmann, Hilmar: »Und die Fahne führt uns in die Ewigkeit«: Propaganda im NS-Film. Frankfurt am Main 1988, S. 93.

30 Vgl. ebd., S. 26.

31 Streicher, Julius: Der jüdische Krieg, in: Der Stürmer. Deutsches Wochenblatt zum Kampfe um die Wahrheit, 19. Jg., Nr. 25. Nürnberg 1941, S. 2.

32 Hitler, Adolf: Mein Kampf. München 1936, S. 196.

33 Zit. n. Heiber, Helmut (Hrsg.): Goebbels' Reden 1932–1945, Bd. 1: 1932–1939. Düsseldorf 1991, S. 95.

34 Sowetskoje Informazionnoje Bjuro.

35 Vgl. Walendy, Udo: Europa in Flammen 1939-1945. Vlotho 1967.

36 Lyndon B. Johnson, Pressekonferenz am 28. Juli 1965, zit. n. The American Presidency Project o.J., URL: https://www.presidency.ucsb.edu/documents/the-presidents-news-conference-1038.

37 Vgl.: Dallek, Matthew: How the Army's Cover-Up Made the My Lai Massacre Even Worse, in: History A&E Television Networks, LLC, 30.8.2018, URL: https://www.history.com/news/my-lai-massacre-1968-army-cover-up.

38 Zit. n. Oran K. Henderson Report, in: Digital History (2021), URL: https://www.digitalhistory.uh.edu/active_learning/explorations/vietnam/henderson.cfm.

39 Adams, Eddie: Eulogy: General Nguyen Ngoc Loan, in: Time (27.7.1989), URL: https://content.time.com/time/subscriber/article/0,33009,988783,00.html.

40 Zit. n. Zhang, Michael: Nick Ut: The Photojournalist Who Shot the Iconic ›Napalm Girl‹ Photo, in PetaPixel, 3.1.2023, URL: https://petapixel.com/nick-ut-napalm-girl-photojournalist/.

41 Lyndon B. Johnson, Rede an der Johns Hopkins University am 7. April 1965, zit. n. The American Presidency Project o.J., URL: https://www.presidency.ucsb.edu/documents/address-johns-hopkins-university-peace-without-conquest.

42 Ebd.

43 Zit. n. o. V.: A Farewell Tribute to Bernard Shaw, in: CNN.com Transcripts (2.3.2001), URL: http://edition.cnn.com/TRANSCRIPTS/0103/02/se.07.html.

44 George H. W. Bush am 17. Januar 1991, zit. n. Address to the Nation Announcing Allied Military Action, in: Gilder Lehrmann Institute of American History o. D., URL: https://www.gilderlehrman.org/sites/default/files/file_media /T-War%20in%20the%20Persian%20Gulf%2C%201991.pdf.

45 Ebd.

46 Vgl. Enzensberger, Hans Magnus: Hitlers Wiedergänger, in: Der SPIEGEL (3.2.1991), URL: https://www.spiegel.de/politik/hitlers-wiedergaenger-a-2cd62036-0002-0001-0000-000013487378.

47 Zit. n. Barbarani, Sofia: Amiriyah bombing 30 years on: ›No one remembers‹ the

victims, in: Aljazeera (13.2.2021), URL: https://www.aljazeera.com/features/2021/2/13/amiriyah-bombing-30-years-on-no-one-remembers-the-victims.

48 Zit. n. The White House President George W. Bush: Crafting Tragedy. Case Study. The Amiriyah Bunker-Shelter o. J., URL: https://georgewbush-whitehouse.archives.gov/ogc/apparatus/crafting.html#3.

49 Zit. n. Deutscher Bundestag 14. Wahlperiode (Hrsg.): Antwort der Bundesregierung auf die Kleine Anfrage der Abgeordneten Heidi Lippmann-Kasten, Fred Gebhardt, Wolfgang Gehrcke-Reymann, Carsten Hübner, Manfred Müller (Berlin), Dr. Winfried Wolf, Dr. Gregor Gysi und der, Fraktion der PDS Drucksache 14/1445 – vom 4.11.1999, Berlin Drucksache 14/2011, URL: https://dserver.bundestag.de/btd/14/020/1402011.pdf.

50 Ebd.

51 Becker, Johannes M./Brücher, Gertrud (Hrsg.): Der Jugoslawienkrieg – Eine Zwischenbilanz. Münster/Hamburg/London 2001, S. 156.

52 Ebd., S. 155

53 Zit. n. Piper, Gerhard: Todesbilanzen des Kosovo-Krieges, in: Antimilitarismus Information, (ami). Berlin Februar 2000, S. 31ff.

54 Gerhard Schröder zur Lage im Kosovo am 24. März 1999, zit. N. Becker S. 155.

55 Ebd., S. 157.

56 Ebd., S. 158.

57 Ebd.

58 Ebd.

59 Ebd.

60 Vgl. SERB KILLERS GASSED KLA; Milošević launches chemical warfare attacks in Kosovo The Free Library, in Scottish Daily Record & Sunday, in The Free Library, Jg. 1999, 17 Mar. 2023, URL: https://www.thefreelibrary.com/SERB+KILLERS+GASSED+KLA%3b+Milošević+launches+chemical+warfare+attacks...-a060423965.

61 Zit. n. Norton-Taylor, Richard: Serb TV station was legitimate target, says Blair, in The Guardian, 14.4.1999, URL: https://www.theguardian.com/world/1999/apr/24/balkans3.

62 Zit. n. Kinghan, Helen: Bus deaths claim disputed by NATO, in: The Irish Time, 4.5.1999, URL: https://www.irishtimes.com/news/bus-deaths-claim-disputed-by-nato-1.180759.

63 Vgl. The Associated Press: Mutilated Kosovo Bodies Found After Serb Attack, Ne York Times, 17.1.1999, URL: https://www.nytimes.com/1999/01/17/world/mutilated-kosovo-bodies-found-after-serb-attack.html.

64 Zit. n. Loquai, Heinz: Medien als Weichensteller zum Krieg. In: Hans J. Gießmann, Kurt P. Tudyka (Hrsg.): Dem Frieden dienen – Zum Gedenken an Prof. Dr. Dr. Dieter Lutz. Baden-Baden 2004, S. 147–163, hier S. 153f.

65 Vgl. Kirchhoff, Susanne: Krieg mit Metaphern. Mediendiskurse über 9/11 und den »War on Terror«. Bielefeld 2010, S. 262.

66 Ebd., S. 213.

67 Zit. n. o. V. »Syrian Hero Boy« ist ein Fake. Falscher Film, echtes Leid, in: NTV, 18.11.2014, https://www.n-tv.de/politik/Falscher-Film-echtes-Leid-article13985946.html.

68 Gipfelerklärung zu Afghanistan, hrsg. von den Staats- und Regierungschefs, die am Treffen des Nordatlantikrats am 4. April 2009 in Straßburg/Kehl teilgenommen haben, in: AG Friedensforschung. Veranstalter des friedenspolitischen Ratschlags o.J., URL: http://www.ag-friedensforschung.de/themen/NATO/2009-afghanistan.html.

69 Zit. n. Remarks by President Biden on the End of the War in Afghanistan, in: The White House, 31.8.2022, URL: https://www.whitehouse.gov/briefing-room/

speeches-remarks/2021/08/31/remarks-by-president-biden-on-the-end-of-the-war-in-afghanistan/.

70 Vgl. Hardinghaus, Christian: Verschwörungstheorien. 9/11, die USA und wir, in: P.M. Perspektive, 3/2011. München 2011, S. 8–14.

71 Smeltz, Dina u.a.: Russian Public Accepts Putin's Spin on Ukraine Conflict, in: The Chicago Council on global Affairs, 12.4.2022, URL: https://web.archive.org/web/20220509104241/https://www.thechicagocouncil.org/research/public-opinion-survey/russian-public-accepts-putins-spin-ukraine-conflict.

72 Zit. n. Interfax: Kyiv tried to urgently conceal traces of military biological program funded by U.S. Defense Dept – Russian Defense Ministry, in: Interfax, 6.3.2022, URL: https://interfax.com/newsroom/top-stories/75769/.

73 Vgl. Diaz-Maurin, François/ Drollette, Dan Jr.: Russia says Ukraine is preparing a »dirty bomb«. Is it true, and what does it mean?, in: Bulletin of the Atomic Scientists, 27.10.22, URL: https://thebulletin.org/2022/10/russia-says-ukraine-is-preparing-a-dirty-bomb-is-it-true-and-what-does-it-mean/.

74 Vgl. Gilbert, David: The Kremlin Keeps Trying to Call Volodymyr Zelenskyy a Drug Addict, in: Vice News, 27.4.2022., URL: https://www.vice.com/en/article/88gpd3/russia-zelenskyy-drug-addict.

75 Vgl: Klepper, David: Russian propaganda ›outgunned‹ by social media rebuttals, in: AP News, 4.3.2022. https://apnews.com/article/russia-ukraine-volodymyr-zelenskyy-kyiv-technology-misinformation-5e884b85f8dbb54d16f5f10d105fe850.

76 Vgl. Kiennemann, Lise: No, these photos don't prove that Zelensky is filming his videos in front of a green screen, in: France 24. The Observers, 14.10.2022, URL: https://observers.france24.com/en/europe/20221014-debunked-ukraine-zelensky-green-screen-videos.

77 Vgl: The Cube: Fake video claims Ukrainian refugees set fire to a house in Germany, in: Euronews, 8.6.2022., URL: https://www.euronews.com/my-europe/2022/06/08/fake-video-claims-ukrainian-refugees-set-fire-to-a-house-in-germany.

78 Vgl. Interfax: Russian troops don't hit hospital in Mariupol, it's Kyiv's information provocation – Russian Defense Ministry, in: Interfax, 10.3.2022. https://interfax.com/newsroom/top-stories/76302/.

79 Vgl. AFP: Russia Seeks UN Security Council Meeting on Bucha, Ukraine, in: The Moscow Times, 4.4.2022. https://www.themoscowtimes.com/2022/04/04/russia-seeks-un-security-council-meeting-on-bucha-ukraine-a77194.

80 Meduza: Как убивали людей в Буче Подробная реконструкция событий. И разбор «версий» кремлевской пропаганды, in: Meduza, 6.4.2022, URL: https://meduza.io/feature/2022/04/06/kak-ubivali-lyudey-v-buche.

81 Vgl. ebd.

82 Zit. n. Brumme, Christoph: Kriegspropaganda: Böse Mächte sind humorlos, in: Ukraine Verstehen. Zentrum liberale Moderne, 17.10.2022, URL: https://ukraineverstehen.de/kriegspropaganda-ukraine-russland-brumme/.

83 Zit. n. Shelton, Tracey: Ukraine and Russia's second front is a propaganda war. But who is winning?, in: ABC News, 18.10.2022, URL: https://www.abc.net.au/news/2022-10-19/how-ukraine-is-playing-its-own-version-of-the-propaganda-game/101522066.

84 Vgl. Ough, Tom: ›We f------ hit them!‹ Ukraine gets revenge on Russian warship that attacked Snake Island, in: The Telegraph, 7.3.2022. soldiershttps://www.telegraph.co.uk/world-news/2022/03/07/russia-warship-snake-island-hit-ukraine/.

85 Vgl. Castel, Brecht: Nee prominente Oekraiense mediafiguren zeggen niet dat »15 miljoen Mensen moeten afgemaakt worden«, in: Knack, 18.5.2022, URL: https://www.knack.be/factcheck/factcheck-nee-prominente-oekraiense-mediafiguren-zeggen-niet-dat-15-miljoen-mensen-moeten-afgemaakt-worden/.

86 Vgl. War on Fakes: Fake: Russian troops bomb children, in: War on Fakes, 5.3.22., URL: https://waronfakes.com/civil/fake-russian-troops-bomb-children/.
87 Vgl. Baller: Susanne: Selenskyj und die Soldaten der Schlangeninsel werden zum Symbol für den Widerstand, in: Stern, 1.3.2022., URL: https://www.stern.de/stiftung/ukraine--selenskyj-und-die-soldaten-der-schlangeninsel-werden-zum-symbol-fuer-den-widerstand-31665758.html.
88 Vgl. ABC News.
89 Vgl. Neuber, Harald/Pany, Thomas: Die besten Eklats des ukrainischen Vize-Außenministers Andrij Melnyk, in: Telepolis, 26.1.2023, URL: https://www.telepolis.de/features/Die-besten-Eklats-des-ukrainischen-Vize-Aussenministers-Andrij-Melnyk-Update-7081189.html?seite=all.
90 Zit. n. Kaiser, Thomas: »Je länger der Krieg dauert, desto größer wird das Risiko einer Ausweitung oder Eskalation«, in: Overton Magazin, 20.1.2023, URL: https://overton-magazin.de/top-story/je-laenger-der-krieg-dauert-desto-groesser-wird-das-risiko-einer-ausweitung-oder-eskalation/.
91 Maurer, Marcus/Haßler, Jörg/Jost, Pablo: Die Qualität der Medienberichterstattung über den Ukraine-Krieg Forschungsbericht für die Otto Brenner Stiftung, in: Otto Brenner Stiftung, 13.1.2023, URL: https://www.otto-brenner-stiftung.de/fileadmin/user_data/stiftung/02_Wissenschaftsportal/03_Publikationen/2023_Ukraine_Berichterstattung_Endbericht.pdf, S. 7.
92 Ebd., S. 6.
93 Ebd., S. 8.
94 Ebd., S. 12.
95 Ebd., S. 14.
96 Ebd., S. 9f.
97 Vgl. o. V.: Umfrage zum Ukrainekrieg: Mehrheit der Deutschen wünscht sich stärkeres Engagement der Regierung für Friedensverhandlungen, in: Tagesspiegel, 26.2.2023, URL: https://www.tagesspiegel.de/internationales/umfrage-zum-ukrainekrieg-mehrheit-der-deutschen-wunscht-sich-starkeres-engagement-der-regierung-fur-friedensgesprache-9413837.html.
98 Vgl. dpa: Zwei Drittel für Friedensverhandlungen im Ukraine-Krieg, in: Wirtschaftswoche, 24.2.2023, URL_ https://www.wiwo.de/politik/deutschland/umfrage-zwei-drittel-fuer-friedensverhandlungen-im-ukraine-krieg/ 29001044.html
99 Vgl. o. V.: Ukrainisches Militär: Zahl russischer Verluste steigt auf mehr als 145.000, in: RedaktionsNetzwerk Deutschland, 24.2.2023, URL: https://www.rnd.de/politik/145-000-tote-russische-soldaten-ukrainisches-militaer-berichtet-ueber-verluste-auf-gegnerischer-Q5GABL7J3NKMDYOQX34KFQ4TOM.html.
100 Zit. n. Hairapetian, Marc: Talk bei Markus Lanz: »Die Ukraine wird diesen Krieg nicht gewinnen«, in: Frankfurter Rundschau, 24.6.2022, URL: https://www.fr.de/kultur/tv-kino/kritik-markus-lanz-zdf-talkrunde-die-ukraine-wird-diesen-krieg-nicht-gewinnen-tv-91626167.html.
101 Vgl. Neuhann, Florian: Hat Baerbock Russland den Krieg erklärt?, in: ZDF.de, 26.1.2023, URL: https://www.zdf.de/nachrichten/politik/annalena-baerbock-kriegserklaerung-ukraine-krieg-russland-100.html.
102 Zit. n. Ivits, Ellen: Wenn die Wahrheit weh tut, heult der Propagandist, in: Stern, 3.2.2023, URL: https://www.stern.de/politik/ausland/perlen-der-kreml-propaganda/kreml-propaganda--wenn-die-wahrheit-weh-tut-heult-wladimir-solowjow-33159368.html.
103 Zit. n. Fischer: Dominik: »Ich will nicht ins Gefängnis« – russischer Moderator schweigt zu Rückzug, in: 20 Minuten, 11.11.2022, URL: https://www.20min.ch/story/ich-will-nicht-ins-gefaengnis-russischer-moderator-schweigt-zu-rueckzug-752017856386.

REGISTER

T

U

V

W

Z

Der Umwelt zuliebe
- produzieren wir zu über 90 % in Deutschland
- achten wir auf kurze Transportwege
- drucken wir auf Papier aus verantwortungsvollen Quellen

2. Auflage 2023

Umschlaggestaltung und Motiv: Hauptmann & Kompanie Werbeagentur, Zürich, unter Verwendung eines Fotos von © ullstein bild – United Archives
Bildnachweis: AP Photo/Itsuo Inouye, Montage: Ursula Dahmen/Der Tagesspiegel S. 68; Wikimedia Commons S. 79, 100, 108, 131, 137, 142, 149, 152, 162, 165, 168, 174, 180, 188, 191; Wikimedia Commons/William Allen Rogers S. 106; Wikimedia Commons/United States Holocaust Memorial Museum S. 114; Wikimedia Commons/Provokado Gliwice S. 126; Wikimedia Commons/U.S. Navy photo S. 138; Wikimedia Commons/Defenseimagery.mil, VIRIN DF-ST-92-09166 S. 141; ullstein Bild – AP S. 153; Fake-Video Syrian Hero Boy S. 174; Fake-Video Brand in Wulfen S. 187; ukrainisches Verteidigungsministerium S. 196, 197; bei der Zusammenstellung haben wir Abbildungen entlehnt, deren Quelle wir nicht zurückverfolgen konnten; potenzielle Inhaber von Urheberrechten können sich an den Verlag wenden.

Redaktion: Franz Leipold
Layout & Satz: Robert Gigler, München
Druck und Bindung: Pustet, Regensburg
ISBN 978-3-95890-563-4

Europa-Newsletter: Mehr zu unseren Büchern und Autoren kostenlos per E-Mail!
www.europa-verlag.com